T&P BOOKS

I0157816

NORUEGUÊS
VOCABULÁRIO

PORTUGUÊS BRASILEIRO

PORTUGUÊS
NORUEGUÊS

Para alargar o seu léxico e apurar
as suas competências linguísticas

3000 palavras

Vocabulário Português Brasileiro-Norueguês - 3000 palavras

Por Andrey Taranov

Os vocabulários da T&P Books destinam-se a ajudar a aprender, a memorizar, e a rever palavras estrangeiras. O dicionário é dividido em temas, cobrindo todas as principais esferas de atividades quotidianas, negócios, ciência, cultura, etc.

O processo de aprendizagem, utilizando os dicionários baseados em temáticas da T&P Books dá-lhe as seguintes vantagens:

- Informação de origem corretamente agrupada predetermina o sucesso em fases subsequentes da memorização de palavras
- Disponibilização de palavras derivadas da mesma raiz, o que permite a memorização de unidades de texto (em vez de palavras separadas)
- Pequenas unidades de palavras facilitam o processo de estabelecimento de vínculos associativos necessários para a consolidação do vocabulário
- O nível de conhecimento da língua pode ser estimado pelo número de palavras aprendidas

T&P Books Publishing
www.tpbooks.com

ISBN: 978-1-78767-429-5

Este livro também está disponível em formato E-book.
Por favor visite www.tpbooks.com ou as principais livrarias on-line.

VOCABULÁRIO NORUEGUÊS
palavras mais úteis

Os vocabulários da T&P Books destinam-se a ajudar a aprender, a memorizar, e a rever palavras estrangeiras. O vocabulário contém mais de 3000 palavras de uso comum organizadas tematicamente.

O vocabulário contém as palavras mais comummente usadas
Recomendado como adicional para qualquer curso de línguas
Satisfaz as necessidades dos iniciados e dos alunos avançados de línguas estrangeiras
Conveniente para o uso diário, sessões de revisão e atividades de auto-teste
Permite avaliar o seu vocabulário

Características especias do vocabulário

• As palavras estão organizadas de acordo com o seu significado, e não por ordem alfabética
• As palavras são apresentadas em três colunas para facilitar os processos de revisão e auto-teste
• As palavras compostas são divididas em pequenos blocos para facilitar o processo de aprendizagem
• O vocabulário oferece uma transcrição simples e adequada de cada palavra estrangeira

O vocabulário contém 101 tópicos incluindo:

Conceitos básicos, Números, Cores, Meses, Estações do ano, Unidades de medida, Roupas & Acessórios, Alimentos & Nutrição, Restaurante, Membros da Família, Parentes, Caráter, Sentimentos, Emoções, Doenças, Cidade, Passeios, Compras, Dinheiro, Casa, Lar, Escritório, Trabalho no Escritório, Importação & Exportação, Marketing, Pesquisa de Emprego, Esportes, Educação, Computador, Internet, Ferramentas, Natureza, Países, Nacionalidades e muito mais ...

TABELA DE CONTEÚDOS

GUIA DE PRONUNCIAÇÃO

Letra	Exemplo Norueguês	Alfabeto fonético T&P	Exemplo Português
Aa	plass	[ɑ], [ɑ:]	amar
Bb	bøtte, albue	[b]	barril
Cc [1]	centimeter	[s]	sanita
Cc [2]	Canada	[k]	aquilo
Dd	radius	[d]	dentista
Ee	rett	[e:]	plateia
Ee [3]	begå	[ɛ]	mesquita
Ff	fattig	[f]	safári
Gg [4]	golf	[g]	gosto
Gg [5]	gyllen	[j]	Vietnã
Gg [6]	regnbue	[ŋ]	alcançar
Hh	hektar	[h]	[h] suave
Ii	kilometer	[ı], [i]	sinônimo
Kk	konge	[k]	aquilo
Kk [7]	kirke	[h]	[h] suave
Jj	fjerde	[j]	Vietnã
kj	bikkje	[h]	[h] suave
Ll	halvår	[l]	libra
Mm	middag	[m]	magnólia
Nn	november	[n]	natureza
ng	id_langt	[ŋ]	alcançar
Oo [8]	honning	[ɔ]	emboço
Oo [9]	fot, krone	[u]	bonita
Pp	plomme	[p]	presente
Qq	sequoia	[k]	aquilo
Rr	sverge	[r]	riscar
Ss	appelsin	[s]	sanita
sk [10]	skikk, skyte	[ʃ]	mês
Tt	stør, torsk	[t]	tulipa
Uu	brudd	[y]	questionar
Vv	kraftverk	[v]	fava
Ww	webside	[v]	fava
Xx	mexicaner	[ks]	perplexo
Yy	nytte	[ı], [i]	sinônimo
Zz [11]	New Zealand	[s]	spitz alemão
Ææ	vær, stær	[æ]	semana
Øø	ørn, gjø	[ø]	orgulhoso
Åå	gås, værhår	[o:]	albatroz

Comentários

[1] antes de e, i
[2] noutras situações
[3] não acentuado
[4] antes de a, o, u, à
[5] antes de i e y
[6] em combinação gn
[7] antes de i e y
[8] antes de duas consoantes
[9] antes de uma consoante
[10] antes de i e y
[11] apenas em estrangeirismos

ABREVIATURAS
usadas no vocabulário

Abreviaturas do Português

adj	-	adjetivo
adv	-	advérbio
anim.	-	animado
conj.	-	conjunção
desp.	-	esporte
etc.	-	Etcetera
ex.	-	por exemplo
f	-	nome feminino
f pl	-	feminino plural
fem.	-	feminino
inanim.	-	inanimado
m	-	nome masculino
m pl	-	masculino plural
m, f	-	masculino, feminino
masc.	-	masculino
mat.	-	matemática
mil.	-	militar
pl	-	plural
prep.	-	preposição
pron.	-	pronome
sb.	-	sobre
sing.	-	singular
v aux	-	verbo auxiliar
vi	-	verbo intransitivo
vi, vt	-	verbo intransitivo, transitivo
vr	-	verbo reflexivo
vt	-	verbo transitivo

Abreviaturas do Norueguês

f	-	nome feminino
f pl	-	feminino plural
m	-	nome masculino
m pl	-	masculino plural
m/f	-	masculino, neutro
m/f pl	-	masculino/feminino plural
m/f/n	-	masculino/feminino/neutro
m/n	-	masculino, feminino

n	-	neutro
n pl	-	neutro plural
pl	-	plural

CONCEITOS BÁSICOS

1. Pronomes

eu	jeg	['jæj]
você	du	[dʉ]
ele	han	['hɑn]
ela	hun	['hʉn]
ele, ela (neutro)	det, den	['de], ['den]
nós	vi	['vi]
vocês	dere	['derə]
eles, elas	de	['de]

2. Cumprimentos. Saudações

Oi!	Hei!	['hæj]
Olá!	Hallo! God dag!	[hɑ'lʉ], [gʉ 'dɑ]
Bom dia!	God morn!	[gʉ 'mɔːŋ]
Boa tarde!	God dag!	[gʉ'dɑ]
Boa noite!	God kveld!	[gʉ 'kvɛl]
cumprimentar (vt)	å hilse	[ɔ 'hilsə]
Oi!	Hei!	['hæj]
saudação (f)	hilsen (m)	['hilsən]
saudar (vt)	å hilse	[ɔ 'hilsə]
Como você está?	Hvordan står det til?	['vʉːdɑn stoːr de til]
Como vai?	Hvordan går det?	['vʉːdɑn gor de]
E aí, novidades?	Hva nytt?	[vɑ 'nʏt]
Tchau!	Ha det bra!	[ha de 'brɑ]
Até logo!	Ha det!	[ha 'de]
Até breve!	Vi ses!	[vi sɛs]
Adeus!	Farvel!	[fɑr'vɛl]
despedir-se (dizer adeus)	å si farvel	[ɔ 'si fɑr'vɛl]
Até mais!	Ha det!	[ha 'de]
Obrigado! -a!	Takk!	['tɑk]
Muito obrigado! -a!	Tusen takk!	['tʉsən tɑk]
De nada	Bare hyggelig	['bɑrə 'hʏgeli]
Não tem de quê	Ikke noe å takke for!	['ikə 'nʉe ɔ 'tɑkə fɔr]
Não foi nada!	Ingen årsak!	['iŋən 'oːʂɑk]
Desculpa!	Unnskyld, ...	['ʉnˌʂyl ...]
Desculpe!	Unnskyld meg, ...	['ʉnˌʂyl me ...]
desculpar (vt)	å unnskylde	[ɔ 'ʉnˌʂylə]
desculpar-se (vr)	å unnskylde seg	[ɔ 'ʉnˌʂylə sæj]

Me desculpe	Jeg ber om unnskyldning	[jæj ber ɔm 'ʉn‚syldniŋ]
Desculpe!	Unnskyld!	['ʉn‚syl]
perdoar (vt)	å tilgi	[ɔ 'til‚ji]
Não faz mal	Ikke noe problem	['ikə 'nʉe prʉ'blem]
por favor	vær så snill	['vær ʂɔ 'snil]

Não se esqueça!	Ikke glem!	['ikə 'glem]
Com certeza!	Selvfølgelig!	[sɛl'følgəli]
Claro que não!	Selvfølgelig ikke!	[sɛl'følgəli 'ikə]
Está bem! De acordo!	OK! Enig!	[ɔ'kɛj], ['ɛni]
Chega!	Det er nok!	[de ær 'nɔk]

3. Questões

Quem?	Hvem?	['vɛm]
O que?	Hva?	['va]
Onde?	Hvor?	['vʉr]
Para onde?	Hvorhen?	['vʉrhen]
De onde?	Hvorfra?	['vʉrfra]
Quando?	Når?	[nɔr]
Para quê?	Hvorfor?	['vʉrfʉr]
Por quê?	Hvorfor?	['vʉrfʉr]

Para quê?	Hvorfor?	['vʉrfʉr]
Como?	Hvordan?	['vʉːdɑn]
Qual (~ é o problema?)	Hvilken?	['vilkən]
Qual (~ deles?)	Hvilken?	['vilkən]

A quem?	Til hvem?	[til 'vɛm]
De quem?	Om hvem?	[ɔm 'vɛm]
Do quê?	Om hva?	[ɔm 'va]
Com quem?	Med hvem?	[me 'vɛm]
Quantos? -as?	Hvor mange?	[vʉr 'mɑŋə]
Quanto?	Hvor mye?	[vʉr 'mye]
De quem? (masc.)	Hvis?	['vis]

4. Preposições

com (prep.)	med	[me]
sem (prep.)	uten	['ʉtən]
a, para (exprime lugar)	til	['til]
sobre (ex. falar ~)	om	['ɔm]
antes de ...	før	['før]
em frente de ...	foran, framfor	['fɔran], ['framfɔr]

debaixo de ...	under	['ʉnər]
sobre (em cima de)	over	['ɔvər]
em ..., sobre ...	på	['pɔ]
de, do (sou ~ Rio de Janeiro)	fra	['fra]
de (feito ~ pedra)	av	[ɑː]
em (~ 3 dias)	om	['ɔm]
por cima de ...	over	['ɔvər]

5. Palavras funcionais. Advérbios. Parte 1

Onde?	Hvor?	['vʊr]
aqui	her	['hɛr]
lá, ali	der	['dɛr]
em algum lugar	et sted	[et 'sted]
em lugar nenhum	ingensteds	['iŋən‚stɛts]
perto de ...	ved	['ve]
perto da janela	ved vinduet	[ve 'vindʉə]
Para onde?	Hvorhen?	['vʊrhen]
aqui	hit	['hit]
para lá	dit	['dit]
daqui	herfra	['hɛr‚frɑ]
de lá, dali	derfra	['dɛr‚frɑ]
perto	nær	['nær]
longe	langt	['lɑŋt]
perto de ...	nær	['nær]
à mão, perto	i nærheten	[i 'nær‚hetən]
não fica longe	ikke langt	['ikə 'lɑŋt]
esquerdo (adj)	venstre	['vɛnstrə]
à esquerda	til venstre	[til 'vɛnstrə]
para a esquerda	til venstre	[til 'vɛnstrə]
direito (adj)	høyre	['højrə]
à direita	til høyre	[til 'højrə]
para a direita	til høyre	[til 'højrə]
em frente	foran	['fɔrɑn]
da frente	fremre	['frɛmrə]
adiante (para a frente)	fram	['frɑm]
atrás de ...	bakom	['bɑkɔm]
de trás	bakfra	['bɑk‚frɑ]
para trás	tilbake	[til'bɑkə]
meio (m), metade (f)	midt (m)	['mit]
no meio	i midten	[i 'mitən]
do lado	fra siden	[frɑ 'sidən]
em todo lugar	overalt	[ɔvər'alt]
por todos os lados	rundt omkring	['rʉnt ɔm'kriŋ]
de dentro	innefra	['inə‚frɑ]
para algum lugar	et sted	[et 'sted]
diretamente	rett, direkte	['rɛt], ['di'rɛktə]
de volta	tilbake	[til'bɑkə]
de algum lugar	et eller annet steds fra	[et 'elər ‚ɑːnt 'stɛts frɑ]
de algum lugar	et eller annet steds fra	[et 'elər ‚ɑːnt 'stɛts frɑ]

em primeiro lugar	for det første	[fɔr de 'fœʂtə]
em segundo lugar	for det annet	[fɔr de 'aːnt]
em terceiro lugar	for det tredje	[fɔr de 'trɛdje]

de repente	plutselig	['plʉtseli]
no início	i begynnelsen	[i be'jinəlsən]
pela primeira vez	for første gang	[fɔr 'fœʂtə ˌgaŋ]
muito antes de ...	lenge før ...	['leŋə 'før ...]
de novo	på nytt	[pɔ 'nʏt]
para sempre	for godt	[fɔr 'gɔt]

nunca	aldri	['aldri]
de novo	igjen	[i'jɛn]
agora	nå	['nɔ]
frequentemente	ofte	['ɔftə]
então	da	['da]
urgentemente	omgående	['ɔmˌgɔːnə]
normalmente	vanligvis	['vɑnliˌvis]

a propósito, ...	forresten, ...	[fɔ'rɛstən ...]
é possível	mulig, kanskje	['mʉli], ['kanʂə]
provavelmente	sannsynligvis	[san'sʏnliˌvis]
talvez	kanskje	['kanʂə]
além disso, ...	dessuten, ...	[des'ʉtən ...]
por isso ...	derfor ...	['dɛrfɔr ...]
apesar de ...	på tross av ...	['pɔ 'trɔs aː ...]
graças a ...	takket være ...	['takət ˌværə ...]

que (pron.)	hva	['va]
que (conj.)	at	[at]
algo	noe	['nʊe]
alguma coisa	noe	['nʊe]
nada	ingenting	['iŋəntiŋ]

quem	hvem	['vɛm]
alguém (~ que ...)	noen	['nʊən]
alguém (com ~)	noen	['nʊən]

ninguém	ingen	['iŋən]
para lugar nenhum	ingensteds	['iŋənˌstɛts]
de ninguém	ingens	['iŋəns]
de alguém	noens	['nʊəns]

tão	så	['sɔː]
também (gostaria ~ de ...)	også	['ɔsɔ]
também (~ eu)	også	['ɔsɔ]

6. Palavras funcionais. Advérbios. Parte 2

Por quê?	Hvorfor?	['vʊrfʊr]
por alguma razão	av en eller annen grunn	[a: en elər 'anən ˌgrʉn]
porque ...	fordi ...	[fɔ'di ...]
por qualquer razão	av en eller annen grunn	[a: en elər 'anən ˌgrʉn]
e (tu ~ eu)	og	['ɔ]

ou (ser ~ não ser)	eller	['elər]
mas (porém)	men	['men]
para (~ a minha mãe)	for, til	[for], [til]
muito, demais	for, altfor	['for], ['altfor]
só, somente	bare	['barə]
exatamente	presis, eksakt	[prɛ'sis], [ɛk'sakt]
cerca de (~ 10 kg)	cirka	['sirka]
aproximadamente	omtrent	[ɔm'trɛnt]
aproximado (adj)	omtrentlig	[ɔm'trɛntli]
quase	nesten	['nɛstən]
resto (m)	rest (m)	['rɛst]
o outro (segundo)	den annen	[den 'anən]
outro (adj)	andre	['andrə]
cada (adj)	hver	['vɛr]
qualquer (adj)	hvilken som helst	['vilkən sɔm 'hɛlst]
muito, muitos, muitas	mye	['mye]
muitas pessoas	mange	['maŋə]
todos	alle	['alə]
em troca de ...	til gjengjeld for ...	[til 'jɛnjɛl for ...]
em troca	istedenfor	[i'steden,for]
à mão	for hånd	[for 'hɔn]
pouco provável	neppe	['nepə]
provavelmente	sannsynligvis	[san'sʏnli,vis]
de propósito	med vilje	[me 'viljə]
por acidente	tilfeldigvis	[til'fɛldivis]
muito	meget	['megət]
por exemplo	for eksempel	[for ɛk'sɛmpəl]
entre	mellom	['mɛlɔm]
entre (no meio de)	blant	['blant]
tanto	så mye	['sɔ: mye]
especialmente	særlig	['sæ:l̥i]

NÚMEROS. DIVERSOS

7. Números cardinais. Parte 1

zero	null	['nʉl]
um	en	['en]
dois	to	['tʊ]
três	tre	['tre]
quatro	fire	['fire]
cinco	fem	['fɛm]
seis	seks	['sɛks]
sete	sju	['ʂʉ]
oito	åtte	['ɔtə]
nove	ni	['ni]
dez	ti	['ti]
onze	elleve	['ɛlvə]
doze	tolv	['tɔl]
treze	tretten	['trɛtən]
catorze	fjorten	['fjɔ:ʈən]
quinze	femten	['fɛmtən]
dezesseis	seksten	['sæjstən]
dezessete	sytten	['sʏtən]
dezoito	atten	['atən]
dezenove	nitten	['nitən]
vinte	tjue	['çʉe]
vinte e um	tjueen	['çʉe en]
vinte e dois	tjueto	['çʉe tʊ]
vinte e três	tjuetre	['çʉe tre]
trinta	tretti	['trɛti]
trinta e um	trettien	['trɛti en]
trinta e dois	trettito	['trɛti tʊ]
trinta e três	trettitre	['trɛti tre]
quarenta	førti	['fœ:ʈi]
quarenta e um	førtien	['fœ:ʈi en]
quarenta e dois	førtito	['fœ:ʈi tʊ]
quarenta e três	førtitre	['fœ:ʈi tre]
cinquenta	femti	['fɛmti]
cinquenta e um	femtien	['fɛmti en]
cinquenta e dois	femtito	['fɛmti tʊ]
cinquenta e três	femtitre	['fɛmti tre]
sessenta	seksti	['sɛksti]
sessenta e um	sekstien	['sɛksti en]

sessenta e dois	sekstito	['sɛksti tʊ]
sessenta e três	sekstitre	['sɛksti tre]
setenta	sytti	['sʏti]
setenta e um	syttien	['sʏti en]
setenta e dois	syttito	['sʏti tʊ]
setenta e três	syttitre	['sʏti tre]
oitenta	åtti	['ɔti]
oitenta e um	åttien	['ɔti en]
oitenta e dois	åttito	['ɔti tʊ]
oitenta e três	åttitre	['ɔti tre]
noventa	nitti	['niti]
noventa e um	nittien	['niti en]
noventa e dois	nittito	['niti tʊ]
noventa e três	nittitre	['niti tre]

8. Números cardinais. Parte 2

cem	hundre	['hʉndrə]
duzentos	to hundre	['tʊ ˌhʉndrə]
trezentos	tre hundre	['tre ˌhʉndrə]
quatrocentos	fire hundre	['fire ˌhʉndrə]
quinhentos	fem hundre	['fɛm ˌhʉndrə]
seiscentos	seks hundre	['sɛks ˌhʉndrə]
setecentos	syv hundre	['syv ˌhʉndrə]
oitocentos	åtte hundre	['ɔtə ˌhʉndrə]
novecentos	ni hundre	['ni ˌhʉndrə]
mil	tusen	['tʉsən]
dois mil	to tusen	['tʊ ˌtʉsən]
três mil	tre tusen	['tre ˌtʉsən]
dez mil	ti tusen	['ti ˌtʉsən]
cem mil	hundre tusen	['hʉndrə ˌtʉsən]
um milhão	million (m)	[mi'ljun]
um bilhão	milliard (m)	[mi'lja:d]

9. Números ordinais

primeiro (adj)	første	['fœʂtə]
segundo (adj)	annen	['anən]
terceiro (adj)	tredje	['trɛdjə]
quarto (adj)	fjerde	['fjærə]
quinto (adj)	femte	['fɛmtə]
sexto (adj)	sjette	['ʂɛtə]
sétimo (adj)	sjuende	['ʂʉenə]
oitavo (adj)	åttende	['ɔtenə]
nono (adj)	niende	['nienə]
décimo (adj)	tiende	['tienə]

CORES. UNIDADES DE MEDIDA

10. Cores

cor (f)	farge (m)	['fɑrgə]
tom (m)	nyanse (m)	[ny'ɑnsə]
tonalidade (m)	fargetone (m)	['fɑrgəˌtʊnə]
arco-íris (m)	regnbue (m)	['ræjnˌbʉːə]
branco (adj)	hvit	['vit]
preto (adj)	svart	['svɑːt]
cinza (adj)	grå	['grɔ]
verde (adj)	grønn	['grœn]
amarelo (adj)	gul	['gʉl]
vermelho (adj)	rød	['rø]
azul (adj)	blå	['blɔ]
azul claro (adj)	lyseblå	['lysəˌblɔ]
rosa (adj)	rosa	['rɔsɑ]
laranja (adj)	oransje	[ɔ'rɑnʂɛ]
violeta (adj)	fiolett	[fiʊ'lət]
marrom (adj)	brun	['brʉn]
dourado (adj)	gullgul	['gʉl]
prateado (adj)	sølv-	['søl-]
bege (adj)	beige	['bɛːʂ]
creme (adj)	kremfarget	['krɛmˌfɑrgət]
turquesa (adj)	turkis	[tʉr'kis]
vermelho cereja (adj)	kirsebærrød	['çiʂəbærˌrød]
lilás (adj)	lilla	['lilɑ]
carmim (adj)	karminrød	['kɑrmʊ'sinˌrød]
claro (adj)	lys	['lys]
escuro (adj)	mørk	['mœrk]
vivo (adj)	klar	['klɑr]
de cor	farge-	['fɑrgə-]
a cores	farge-	['fɑrgə-]
preto e branco (adj)	svart-hvit	['svɑːt vit]
unicolor (de uma só cor)	ensfarget	['ɛnsˌfɑrgət]
multicolor (adj)	mangefarget	['mɑŋəˌfɑrgət]

11. Unidades de medida

| peso (m) | vekt (m) | ['vɛkt] |
| comprimento (m) | lengde (m/f) | ['leŋdə] |

largura (f)	bredde (m)	['brɛdə]
altura (f)	høyde (m)	['højdə]
profundidade (f)	dybde (m)	['dʏbdə]
volume (m)	volum (n)	[vɔ'lʉm]
área (f)	areal (n)	[ˌareˈɑl]

grama (m)	gram (n)	['grɑm]
miligrama (m)	milligram (n)	['miliˌgrɑm]
quilograma (m)	kilogram (n)	['çiluˌgrɑm]
tonelada (f)	tonn (m/n)	['tɔn]
libra (453,6 gramas)	pund (n)	['pʉn]
onça (f)	unse (m)	['ʉnsə]

metro (m)	meter (m)	['metər]
milímetro (m)	millimeter (m)	['miliˌmetər]
centímetro (m)	centimeter (m)	['sɛntiˌmetər]
quilômetro (m)	kilometer (m)	['çiluˌmetər]
milha (f)	mil (m/f)	['mil]

polegada (f)	tomme (m)	['tɔmə]
pé (304,74 mm)	fot (m)	['fʊt]
jarda (914,383 mm)	yard (m)	['jɑːrd]

| metro (m) quadrado | kvadratmeter (m) | [kvɑ'drɑtˌmetər] |
| hectare (m) | hektar (n) | ['hɛktɑr] |

litro (m)	liter (m)	['litər]
grau (m)	grad (m)	['grɑd]
volt (m)	volt (m)	['vɔlt]
ampère (m)	ampere (m)	[ɑm'pɛr]
cavalo (m) de potência	hestekraft (m/f)	['hɛstəˌkrɑft]

quantidade (f)	mengde (m)	['mɛŋdə]
um pouco de ...	få ...	['fɔ ...]
metade (f)	halvdel (m)	['hɑldel]
dúzia (f)	dusin (n)	[dʉ'sin]
peça (f)	stykke (n)	['stʏkə]

| tamanho (m), dimensão (f) | størrelse (m) | ['stœrəlsə] |
| escala (f) | målestokk (m) | ['moːləˌstɔk] |

mínimo (adj)	minimal	[mini'mɑl]
menor, mais pequeno	minste	['minstə]
médio (adj)	middel-	['midəl-]
máximo (adj)	maksimal	[mɑksi'mɑl]
maior, mais grande	største	['stœʂtə]

12. Recipientes

pote (m) de vidro	glaskrukke (m/f)	['glɑsˌkrʉkə]
lata (~ de cerveja)	boks (m)	['bɔks]
balde (m)	bøtte (m/f)	['bœtə]
barril (m)	tønne (m)	['tœnə]
bacia (~ de plástico)	vaskefat (n)	['vɑskəˌfat]

tanque (m)	tank (m)	['tɑnk]
cantil (m) de bolso	lommelerke (m/f)	['lʊmə‚lærkə]
galão (m) de gasolina	bensinkanne (m/f)	[bɛn'sin‚kɑnə]
cisterna (f)	tank (m)	['tɑnk]

caneca (f)	krus (n)	['krʉs]
xícara (f)	kopp (m)	['kɔp]
pires (m)	tefat (n)	['te‚fɑt]
copo (m)	glass (n)	['glɑs]
taça (f) de vinho	vinglass (n)	['vin‚glɑs]
panela (f)	gryte (m/f)	['grytə]

| garrafa (f) | flaske (m) | ['flɑskə] |
| gargalo (m) | flaskehals (m) | ['flɑskə‚hɑls] |

jarra (f)	karaffel (m)	[kɑ'rɑfəl]
jarro (m)	mugge (m/f)	['mʉgə]
recipiente (m)	beholder (m)	[be'hɔlər]
pote (m)	pott, potte (m)	['pɔt], ['pɔtə]
vaso (m)	vase (m)	['vɑsə]

frasco (~ de perfume)	flakong (m)	[flɑ'kɔŋ]
frasquinho (m)	flaske (m/f)	['flɑskə]
tubo (m)	tube (m)	['tʉbə]

saco (ex. ~ de açúcar)	sekk (m)	['sɛk]
sacola (~ plastica)	pose (m)	['pʉsə]
maço (de cigarros, etc.)	pakke (m/f)	['pɑkə]

caixa (~ de sapatos, etc.)	eske (m/f)	['ɛskə]
caixote (~ de madeira)	kasse (m/f)	['kɑsə]
cesto (m)	kurv (m)	['kʉrv]

VERBOS PRINCIPAIS

13. Os verbos mais importantes. Parte 1

abrir (vt)	å åpne	[ɔ 'ɔpnə]
acabar, terminar (vt)	å slutte	[ɔ 'ʂlʉtə]
aconselhar (vt)	å råde	[ɔ 'roːdə]
adivinhar (vt)	å gjette	[ɔ 'jɛtə]
advertir (vt)	å varsle	[ɔ 'vɑʂlə]
ajudar (vt)	å hjelpe	[ɔ 'jɛlpə]
almoçar (vi)	å spise lunsj	[ɔ 'spisə ˌlʉnʂ]
alugar (~ um apartamento)	å leie	[ɔ 'læjə]
amar (pessoa)	å elske	[ɔ 'ɛlskə]
ameaçar (vt)	å true	[ɔ 'trʉə]
anotar (escrever)	å skrive ned	[ɔ 'skrivə ne]
apressar-se (vr)	å skynde seg	[ɔ 'ʂynə sæj]
arrepender-se (vr)	å beklage	[ɔ be'klɑgə]
assinar (vt)	å underskrive	[ɔ 'ʉnəˌskrivə]
brincar (vi)	å spøke	[ɔ 'spøkə]
brincar, jogar (vi, vt)	å leke	[ɔ 'lekə]
buscar (vt)	å søke ...	[ɔ 'søkə ...]
caçar (vi)	å jage	[ɔ 'jagə]
cair (vi)	å falle	[ɔ 'falə]
cavar (vt)	å grave	[ɔ 'grɑvə]
chamar (~ por socorro)	å tilkalle	[ɔ 'tilˌkalə]
chegar (vi)	å ankomme	[ɔ 'anˌkɔmə]
chorar (vi)	å gråte	[ɔ 'groːtə]
começar (vt)	å begynne	[ɔ be'jinə]
comparar (vt)	å sammenlikne	[ɔ 'samənˌliknə]
concordar (dizer "sim")	å samtykke	[ɔ 'samˌtʏkə]
confiar (vt)	å stole på	[ɔ 'stʉlə pɔ]
confundir (equivocar-se)	å forveksle	[ɔ fɔr'vɛkʂlə]
conhecer (vt)	å kjenne	[ɔ 'çɛnə]
contar (fazer contas)	å telle	[ɔ 'tɛlə]
contar com ...	å regne med ...	[ɔ 'rɛjnə me ...]
continuar (vt)	å fortsette	[ɔ 'fɔrtˌsɛtə]
controlar (vt)	å kontrollere	[ɔ kʉntrɔ'lerə]
convidar (vt)	å innby, å invitere	[ɔ 'inby], [ɔ invi'terə]
correr (vi)	å løpe	[ɔ 'løpə]
criar (vt)	å opprette	[ɔ 'ɔpˌrɛtə]
custar (vt)	å koste	[ɔ 'kɔstə]

14. Os verbos mais importantes. Parte 2

dar (vt)	å gi	[ɔ 'ji]
dar uma dica	å gi et vink	[ɔ 'ji et 'vink]
decorar (enfeitar)	å pryde	[ɔ 'prydə]
defender (vt)	å forsvare	[ɔ fɔ'ʂvɑrə]
deixar cair (vt)	å tappe	[ɔ 'tɑpə]
descer (para baixo)	å gå ned	[ɔ 'gɔ ne]
desculpar (vt)	å unnskylde	[ɔ 'ʉnˌsylə]
desculpar-se (vr)	å unnskylde seg	[ɔ 'ʉnˌsylə sæj]
dirigir (~ uma empresa)	å styre, å lede	[ɔ 'styrə], [ɔ 'ledə]
discutir (notícias, etc.)	å diskutere	[ɔ diskʉ'terə]
disparar, atirar (vi)	å skyte	[ɔ 'ʂytə]
dizer (vt)	å si	[ɔ 'si]
duvidar (vt)	å tvile	[ɔ 'tvilə]
encontrar (achar)	å finne	[ɔ 'finə]
enganar (vt)	å fuske	[ɔ 'fʉskə]
entender (vt)	å forstå	[ɔ fɔ'ʂtɔ]
entrar (na sala, etc.)	å komme inn	[ɔ 'komə in]
enviar (uma carta)	å sende	[ɔ 'sɛnə]
errar (enganar-se)	å gjøre feil	[ɔ 'jørə ˌfæjl]
escolher (vt)	å velge	[ɔ 'vɛlgə]
esconder (vt)	å gjemme	[ɔ 'jɛmə]
escrever (vt)	å skrive	[ɔ 'skrivə]
esperar (aguardar)	å vente	[ɔ 'vɛntə]
esperar (ter esperança)	å håpe	[ɔ 'hoːpə]
esquecer (vt)	å glemme	[ɔ 'glemə]
estudar (vt)	å studere	[ɔ stʉ'derə]
exigir (vt)	å kreve	[ɔ 'krevə]
existir (vi)	å eksistere	[ɔ ɛksi'sterə]
explicar (vt)	å forklare	[ɔ fɔr'klɑrə]
falar (vi)	å tale	[ɔ 'tɑlə]
faltar (a la escuela, etc.)	å skulke	[ɔ 'skʉlkə]
fazer (vt)	å gjøre	[ɔ 'jørə]
ficar em silêncio	å tie	[ɔ 'tie]
gabar-se (vr)	å prale	[ɔ 'prɑlə]
gostar (apreciar)	å like	[ɔ 'likə]
gritar (vi)	å skrike	[ɔ 'skrikə]
guardar (fotos, etc.)	å beholde	[ɔ be'hɔlə]
informar (vt)	å informere	[ɔ infɔr'merə]
insistir (vi)	å insistere	[ɔ insi'sterə]
insultar (vt)	å fornærme	[ɔ fɔː'ŋærmə]
interessar-se (vr)	å interessere seg	[ɔ intərə'serə sæj]
ir (a pé)	å gå	[ɔ 'gɔ]
ir nadar	å bade	[ɔ 'bɑdə]
jantar (vi)	å spise middag	[ɔ 'spisə 'miˌdɑ]

15. Os verbos mais importantes. Parte 3

ler (vt)	å lese	[ɔ 'lesə]
libertar, liberar (vt)	å befri	[ɔ be'fri]
matar (vt)	å døde, å myrde	[ɔ 'dødə], [ɔ 'mʏːɖə]
mencionar (vt)	å omtale, å nevne	[ɔ 'ɔm̩talə], [ɔ 'nɛvnə]
mostrar (vt)	å vise	[ɔ 'visə]

mudar (modificar)	å endre	[ɔ 'ɛndrə]
nadar (vi)	å svømme	[ɔ 'svœmə]
negar-se a ... (vr)	å vegre seg	[ɔ 'vɛgrə sæj]
objetar (vt)	å innvende	[ɔ 'in̩vɛnə]

observar (vt)	å observere	[ɔ ɔbsɛr'verə]
ordenar (mil.)	å beordre	[ɔ be'ɔrdrə]
ouvir (vt)	å høre	[ɔ 'hørə]
pagar (vt)	å betale	[ɔ be'talə]
parar (vi)	å stoppe	[ɔ 'stɔpə]

parar, cessar (vt)	å slutte	[ɔ 'ʂlʉtə]
participar (vi)	å delta	[ɔ 'dɛlta]
pedir (comida, etc.)	å bestille	[ɔ be'stilə]
pedir (um favor, etc.)	å be	[ɔ 'be]
pegar (tomar)	å ta	[ɔ 'ta]

pegar (uma bola)	å fange	[ɔ 'faŋə]
pensar (vi, vt)	å tenke	[ɔ 'tɛnkə]
perceber (ver)	å bemerke	[ɔ be'mærkə]
perdoar (vt)	å tilgi	[ɔ 'til̩ji]
perguntar (vt)	å spørre	[ɔ 'spørə]

permitir (vt)	å tillate	[ɔ 'ti̩latə]
pertencer a ... (vi)	å tilhøre ...	[ɔ 'til̩hørə ...]
planejar (vt)	å planlegge	[ɔ 'plan̩legə]
poder (~ fazer algo)	å kunne	[ɔ 'kʉnə]
possuir (uma casa, etc.)	å besidde, å eie	[ɔ bɛ'sidə], [ɔ 'æjə]

preferir (vt)	å foretrekke	[ɔ 'forə̩trɛkə]
preparar (vt)	å lage	[ɔ 'lagə]
prever (vt)	å forutse	[ɔ 'forʉt̩sə]
prometer (vt)	å love	[ɔ 'lovə]
pronunciar (vt)	å uttale	[ɔ 'ʉt̩talə]

propor (vt)	å foreslå	[ɔ 'forə̩slɔ]
punir (castigar)	å straffe	[ɔ 'strafə]
quebrar (vt)	å bryte	[ɔ 'brytə]
queixar-se de ...	å klage	[ɔ 'klagə]
querer (desejar)	å ville	[ɔ 'vilə]

16. Os verbos mais importantes. Parte 4

ralhar, repreender (vt)	å skjelle	[ɔ 'ʂɛːlə]
recomendar (vt)	å anbefale	[ɔ 'anbe̩falə]

repetir (dizer outra vez)	å gjenta	[ɔ 'jɛnta]
reservar (~ um quarto)	å reservere	[ɔ resɛr'verə]
responder (vt)	å svare	[ɔ 'svarə]

rezar, orar (vi)	å be	[ɔ 'be]
rir (vi)	å le, å skratte	[ɔ 'le], [ɔ 'skratə]
roubar (vt)	å stjele	[ɔ 'stjelə]
saber (vt)	å vite	[ɔ 'vitə]
sair (~ de casa)	å gå ut	[ɔ 'gɔ ʉt]

salvar (resgatar)	å redde	[ɔ 'rɛdə]
seguir (~ alguém)	å følge etter ...	[ɔ 'følə 'ɛtər ...]
sentar-se (vr)	å sette seg	[ɔ 'sɛtə sæj]
ser necessário	å være behøv	[ɔ 'værə bə'høv]

ser, estar	å være	[ɔ 'værə]
significar (vt)	å bety	[ɔ 'bety]
sorrir (vi)	å smile	[ɔ 'smilə]
subestimar (vt)	å undervurdere	[ɔ 'ʉnərvʉːˌderə]
surpreender-se (vr)	å bli forundret	[ɔ 'bli fɔ'rʉndrət]

tentar (~ fazer)	å prøve	[ɔ 'prøvə]
ter (vt)	å ha	[ɔ 'ha]
ter fome	å være sulten	[ɔ 'værə 'sʉltən]

ter medo	å frykte	[ɔ 'frʏktə]
ter sede	å være tørst	[ɔ 'værə 'tœʂt]
tocar (com as mãos)	å røre	[ɔ 'rørə]
tomar café da manhã	å spise frokost	[ɔ 'spisə ˌfrʉkɔst]
trabalhar (vi)	å arbeide	[ɔ 'arˌbæjdə]
traduzir (vt)	å oversette	[ɔ 'ɔvəˌsɛtə]

unir (vt)	å forene	[ɔ fɔ'renə]
vender (vt)	å selge	[ɔ 'sɛlə]
ver (vt)	å se	[ɔ 'se]
virar (~ para a direita)	å svinge	[ɔ 'sviŋə]
voar (vi)	å fly	[ɔ 'fly]

TEMPO. CALENDÁRIO

17. Dias da semana

segunda-feira (f)	mandag (m)	['man,da]
terça-feira (f)	tirsdag (m)	['tiʂ,da]
quarta-feira (f)	onsdag (m)	['ʊns,da]
quinta-feira (f)	torsdag (m)	['tɔʂ,da]
sexta-feira (f)	fredag (m)	['frɛ,da]
sábado (m)	lørdag (m)	['lør,da]
domingo (m)	søndag (m)	['søn,da]
hoje	i dag	[i 'da]
amanhã	i morgen	[i 'mɔːən]
depois de amanhã	i overmorgen	[i 'ɔvər,mɔːən]
ontem	i går	[i 'gɔr]
anteontem	i forgårs	[i 'for,gɔʂ]
dia (m)	dag (m)	['da]
dia (m) de trabalho	arbeidsdag (m)	['arbæjds,da]
feriado (m)	festdag (m)	['fɛst,da]
dia (m) de folga	fridag (m)	['fri,da]
fim (m) de semana	ukeslutt (m), helg (f)	['ʉkə,slʉt], ['hɛlg]
o dia todo	hele dagen	['helə 'dagən]
no dia seguinte	neste dag	['nɛstə ,da]
há dois dias	for to dager siden	[for tʉ 'dagər ,sidən]
na véspera	dagen før	['dagən 'før]
diário (adj)	daglig	['dagli]
todos os dias	hver dag	['vɛr da]
semana (f)	uke (m/f)	['ʉkə]
na semana passada	siste uke	['sistə 'ʉkə]
semana que vem	i neste uke	[i 'nɛstə 'ʉkə]
semanal (adj)	ukentlig	['ʉkəntli]
toda semana	hver uke	['vɛr 'ʉkə]
duas vezes por semana	to ganger per uke	['tʉ 'gaŋər per 'ʉkə]
toda terça-feira	hver tirsdag	['vɛr 'tiʂda]

18. Horas. Dia e noite

manhã (f)	morgen (m)	['mɔːən]
de manhã	om morgenen	[ɔm 'mɔːenən]
meio-dia (m)	middag (m)	['mi,da]
à tarde	om ettermiddagen	[ɔm 'ɛtər,midagən]
tardinha (f)	kveld (m)	['kvɛl]
à tardinha	om kvelden	[ɔm 'kvɛlən]

noite (f)	natt (m/f)	['nɑt]
à noite	om natta	[ɔm 'nɑtɑ]
meia-noite (f)	midnatt (m/f)	['mid̩nɑt]

segundo (m)	sekund (m/n)	[se'kʉn]
minuto (m)	minutt (n)	[mi'nʉt]
hora (f)	time (m)	['timə]
meia hora (f)	halvtime (m)	['hɑl̩timə]
quarto (m) de hora	kvarter (n)	[kvɑ:ʈer]
quinze minutos	femten minutter	['fɛmtən mi'nʉtər]
vinte e quatro horas	døgn (n)	['døjn]

nascer (m) do sol	soloppgang (m)	['sʉlɔp̩gɑŋ]
amanhecer (m)	daggry (n)	['dɑg̩gry]
madrugada (f)	tidlig morgen (m)	['tili 'mɔ:ən]
pôr-do-sol (m)	solnedgang (m)	['sʉlned̩gɑŋ]

de madrugada	tidlig om morgenen	['tili ɔm 'mɔ:enən]
esta manhã	i morges	[i 'mɔrəs]
amanhã de manhã	i morgen tidlig	[i 'mɔ:ən 'tili]

esta tarde	i formiddag	[i 'fɔrmi̩dɑ]
à tarde	om ettermiddagen	[ɔm 'ɛtər̩midɑgən]
amanhã à tarde	i morgen ettermiddag	[i 'mɔ:ən 'ɛtər̩midɑ]

| esta noite, hoje à noite | i kveld | [i 'kvɛl] |
| amanhã à noite | i morgen kveld | [i 'mɔ:ən ̩kvɛl] |

às três horas em ponto	presis klokka tre	[prɛ'sis 'klɔkɑ tre]
por volta das quatro	ved fire-tiden	[ve 'fire ̩tidən]
às doze	innen klokken tolv	['inən 'klɔkən tɔl]

em vinte minutos	om tjue minutter	[ɔm 'çʉə mi'nʉtər]
em uma hora	om en time	[ɔm en 'timə]
a tempo	i tide	[i 'tidə]

… um quarto para	kvart på …	['kvɑ:ʈ pɔ …]
dentro de uma hora	innen en time	['inən en 'timə]
a cada quinze minutos	hvert kvarter	['vɛ:ʈ kvɑ:'ʈer]
as vinte e quatro horas	døgnet rundt	['døjne ̩rʉnt]

19. Meses. Estações

janeiro (m)	januar (m)	['janʉ̩ɑr]
fevereiro (m)	februar (m)	['febrʉ̩ɑr]
março (m)	mars (m)	['mɑʂ]
abril (m)	april (m)	[ɑ'pril]
maio (m)	mai (m)	['mɑj]
junho (m)	juni (m)	['jʉni]

julho (m)	juli (m)	['jʉli]
agosto (m)	august (m)	[aʉ'gʉst]
setembro (m)	september (m)	[sep'tɛmbər]
outubro (m)	oktober (m)	[ɔk'tʉbər]

novembro (m)	november (m)	[nʊ'vɛmbər]
dezembro (m)	desember (m)	[de'sɛmbər]
primavera (f)	vår (m)	['vɔːr]
na primavera	om våren	[ɔm 'voːrən]
primaveril (adj)	vår-, vårlig	['vɔːr-], ['vɔːli]
verão (m)	sommer (m)	['sɔmər]
no verão	om sommeren	[ɔm 'sɔmerən]
de verão	sommer-	['sɔmər-]
outono (m)	høst (m)	['høst]
no outono	om høsten	[ɔm 'høstən]
outonal (adj)	høst-, høstlig	['høst-], ['høstli]
inverno (m)	vinter (m)	['vintər]
no inverno	om vinteren	[ɔm 'vinterən]
de inverno	vinter-	['vintər-]
mês (m)	måned (m)	['moːnət]
este mês	denne måneden	['dɛnə 'moːnedən]
mês que vem	neste måned	['nɛstə 'moːnət]
no mês passado	forrige måned	['fɔriə ˌmoːnət]
um mês atrás	for en måned siden	[fɔr en 'moːnət ˌsidən]
em um mês	om en måned	[ɔm en 'moːnət]
em dois meses	om to måneder	[ɔm 'tʊ 'moːnedər]
todo o mês	en hel måned	[en 'hel 'moːnət]
um mês inteiro	hele måned	['helə 'moːnət]
mensal (adj)	månedlig	['moːnədli]
mensalmente	månedligt	['moːnedlət]
todo mês	hver måned	[ˌvɛr 'moːnət]
duas vezes por mês	to ganger per måned	['tʊ 'gaŋər per 'moːnət]
ano (m)	år (n)	['ɔr]
este ano	i år	[i 'oːr]
ano que vem	neste år	['nɛstə ˌoːr]
no ano passado	i fjor	[i 'fjɔr]
há um ano	for et år siden	[fɔr et 'oːr ˌsidən]
em um ano	om et år	[ɔm et 'oːr]
dentro de dois anos	om to år	[ɔm 'tʊ 'oːr]
todo o ano	hele året	['helə 'oːre]
um ano inteiro	hele året	['helə 'oːre]
cada ano	hvert år	['vɛːʈ 'oːr]
anual (adj)	årlig	['oːli]
anualmente	årlig, hvert år	['oːli], ['vɛːʈ 'ɔr]
quatro vezes por ano	fire ganger per år	['fire 'gaŋər per 'oːr]
data (~ de hoje)	dato (m)	['datʊ]
data (ex. ~ de nascimento)	dato (m)	['datʊ]
calendário (m)	kalender (m)	[ka'lendər]
meio ano	halvår (n)	['halˌoːr]
seis meses	halvår (n)	['halˌoːr]

estação (f)	årstid (m/f)	[ˈoːʂˌtid]
século (m)	århundre (n)	[ˈɔrˌhʉndrə]

VIAGENS. HOTEL

20. Viagens

turismo (m)	turisme (m)	[tʉ'rismə]
turista (m)	turist (m)	[tʉ'rist]
viagem (f)	reise (m/f)	['ræjsə]
aventura (f)	eventyr (n)	['ɛvən,tyr]
percurso (curta viagem)	tripp (m)	['trip]
férias (f pl)	ferie (m)	['fɛriə]
estar de férias	å være på ferie	[ɔ 'væːrə pɔ 'fɛriə]
descanso (m)	hvile (m/f)	['vilə]
trem (m)	tog (n)	['tɔg]
de trem (chegar ~)	med tog	[me 'tɔg]
avião (m)	fly (n)	['fly]
de avião	med fly	[me 'fly]
de carro	med bil	[me 'bil]
de navio	med skip	[me 'ʂip]
bagagem (f)	bagasje (m)	[bɑ'gɑʂə]
mala (f)	koffert (m)	['kʉfɛːt]
carrinho (m)	bagasjetralle (m/f)	[bɑ'gɑʂə,trɑlə]
passaporte (m)	pass (n)	['pɑs]
visto (m)	visum (n)	['visʉm]
passagem (f)	billett (m)	[bi'let]
passagem (f) aérea	flybillett (m)	['fly bi'let]
guia (m) de viagem	reisehåndbok (m/f)	['ræjsə,hɔnbʉk]
mapa (m)	kart (n)	['kɑːt]
área (f)	område (n)	['ɔm,ro:də]
lugar (m)	sted (n)	['sted]
exótico (adj)	eksotisk	[ɛk'sʉtisk]
surpreendente (adj)	forunderlig	[fo'rʉnde:lji]
grupo (m)	gruppe (m)	['grʉpə]
excursão (f)	utflukt (m/f)	['ʉt,flʉkt]
guia (m)	guide (m)	['gɑjd]

21. Hotel

hotel (m)	hotell (n)	[hʉ'tɛl]
motel (m)	motell (n)	[mʉ'tɛl]
três estrelas	trestjernet	['tre,stjæː:ŋə]
cinco estrelas	femstjernet	['fɛm,stjæː:ŋə]

ficar (vi, vt)	å bo	[ɔ 'buː]
quarto (m)	rom (n)	['rʊm]
quarto (m) individual	enkeltrom (n)	['ɛnkelt͵rʊm]
quarto (m) duplo	dobbeltrom (n)	['dɔbəlt͵rʊm]
reservar um quarto	å reservere rom	[ɔ resɛr'verə 'rʊm]
meia pensão (f)	halvpensjon (m)	['hal pan͵sʊn]
pensão (f) completa	fullpensjon (m)	['fʉl pan͵sʊn]
com banheira	med badekar	[me 'badə͵kar]
com chuveiro	med dusj	[me 'dʉʂ]
televisão (m) por satélite	satellitt-TV (m)	[satɛ'lit 'tɛvɛ]
ar (m) condicionado	klimaanlegg (n)	['klimaʼan͵leg]
toalha (f)	håndkle (n)	['hɔn͵kle]
chave (f)	nøkkel (m)	['nøkəl]
administrador (m)	administrator (m)	[adminiʼstraːtʊr]
camareira (f)	stuepike (m/f)	['stʉə͵pikə]
bagageiro (m)	pikkolo (m)	['pikɔlɔ]
porteiro (m)	portier (m)	[pɔːʼtje]
restaurante (m)	restaurant (m)	[rɛstʊ'raŋ]
bar (m)	bar (m)	['bar]
café (m) da manhã	frokost (m)	['frʊkɔst]
jantar (m)	middag (m)	['mi͵da]
bufê (m)	buffet (m)	[bʉ'fɛ]
saguão (m)	hall, lobby (m)	['hal], ['lɔbi]
elevador (m)	heis (m)	['hæjs]
NÃO PERTURBE	VENNLIGST IKKE FORSTYRR!	['vɛnligt ikə fɔ'ʂtyr]
PROIBIDO FUMAR!	RØYKING FORBUDT	['røjkiŋ fɔr'bʉt]

22. Turismo

monumento (m)	monument (n)	[mɔnʉ'mɛnt]
fortaleza (f)	festning (m/f)	['fɛstniŋ]
palácio (m)	palass (n)	[pa'las]
castelo (m)	borg (m)	['bɔrg]
torre (f)	tårn (n)	['tɔːŋ]
mausoléu (m)	mausoleum (n)	[maʊsʊ'leum]
arquitetura (f)	arkitektur (m)	[arkitɛk'tʉr]
medieval (adj)	middelalderlig	['midəl͵aldɛːli]
antigo (adj)	gammel	['gaməl]
nacional (adj)	nasjonal	[naʂʉ'nal]
famoso, conhecido (adj)	kjent	['çɛnt]
turista (m)	turist (m)	[tʉ'rist]
guia (pessoa)	guide (m)	['gajd]
excursão (f)	utflukt (m/f)	['ʉt͵flukt]
mostrar (vt)	å vise	[ɔ 'visə]
contar (vt)	å fortelle	[ɔ fɔːʼʈɛlə]

encontrar (vt)	å finne	[ɔ 'finə]
perder-se (vr)	å gå seg bort	[ɔ 'gɔ sæj 'buː]
mapa (~ do metrô)	kart, linjekart (n)	['kɑːt], ['linjə'kɑːt]
mapa (~ da cidade)	kart (n)	['kɑːt]

lembrança (f), presente (m)	suvenir (m)	[suve'nir]
loja (f) de presentes	suvenirbutikk (m)	[suve'nir bu'tik]
tirar fotos, fotografar	å fotografere	[ɔ fotogrɑ'ferə]
fotografar-se (vr)	å bli fotografert	[ɔ 'bli fotogrɑ'fɛː]

TRANSPORTES

23. Aeroporto

aeroporto (m)	flyplass (m)	['fly͵plɑs]
avião (m)	fly (n)	['fly]
companhia (f) aérea	flyselskap (n)	['flysəl͵skɑp]
controlador (m) de tráfego aéreo	flygeleder (m)	['flygə͵ledər]
partida (f)	avgang (m)	['ɑv͵gɑŋ]
chegada (f)	ankomst (m)	['ɑn͵kɔmst]
chegar (vi)	å ankomme	[ɔ 'ɑn͵kɔmə]
hora (f) de partida	avgangstid (m/f)	['ɑvgɑŋs͵tid]
hora (f) de chegada	ankomsttid (m/f)	[ɑn'kɔms͵tid]
estar atrasado	å bli forsinket	[ɔ 'bli fɔ'ʂinkət]
atraso (m) de voo	avgangsforsinkelse (m)	['ɑvgɑŋs fɔ'ʂinkəlsə]
painel (m) de informação	informasjonstavle (m/f)	[informɑ'ʂuns ͵tɑvlə]
informação (f)	informasjon (m)	[informɑ'ʂun]
anunciar (vt)	å meddele	[ɔ 'mɛd͵delə]
voo (m)	fly (n)	['fly]
alfândega (f)	toll (m)	['tɔl]
funcionário (m) da alfândega	tollbetjent (m)	['tɔlbe͵tjɛnt]
declaração (f) alfandegária	tolldeklarasjon (m)	['tɔldɛklɑrɑ'ʂun]
preencher (vt)	å utfylle	[ɔ 'ʉt͵fylə]
preencher a declaração	å utfylle en tolldeklarasjon	[ɔ 'ʉt͵fylə en 'tɔldɛklɑrɑ͵ʂun]
controle (m) de passaporte	passkontroll (m)	['pɑskʉn͵trɔl]
bagagem (f)	bagasje (m)	[bɑ'gɑʂə]
bagagem (f) de mão	håndbagasje (m)	['hɔn͵bɑ'gɑʂə]
carrinho (m)	bagasjetralle (m/f)	[bɑ'gɑʂə͵trɑlə]
pouso (m)	landing (m)	['lɑniŋ]
pista (f) de pouso	landingsbane (m)	['lɑniŋs͵bɑnə]
aterrissar (vi)	å lande	[ɔ 'lɑnə]
escada (f) de avião	trapp (m/f)	['trɑp]
check-in (m)	innsjekking (m/f)	['in͵ʂɛkiŋ]
balcão (m) do check-in	innsjekkingsskranke (m)	['in͵ʂɛkiŋs ͵skrɑnkə]
fazer o check-in	å sjekke inn	[ɔ 'ʂɛkə in]
cartão (m) de embarque	boardingkort (n)	['bɔ:diŋ͵kɔ:t]
portão (m) de embarque	gate (m/f)	['gejt]
trânsito (m)	transitt (m)	[trɑn'sit]
esperar (vi, vt)	å vente	[ɔ 'vɛntə]

sala (f) de espera	ventehall (m)	['vɛntə,hal]
despedir-se (acompanhar)	å ta avskjed	[ɔ 'ta 'af,sɛd]
despedir-se (dizer adeus)	å si farvel	[ɔ 'si far'vɛl]

24. Avião

avião (m)	fly (n)	['fly]
passagem (f) aérea	flybillett (m)	['fly bi'let]
companhia (f) aérea	flyselskap (n)	['flysəl,skɑp]
aeroporto (m)	flyplass (m)	['fly,plɑs]
supersônico (adj)	overlyds-	['ɔvə,lyds-]

comandante (m) do avião	kaptein (m)	[kɑp'tæjn]
tripulação (f)	besetning (m/f)	[be'sɛtniŋ]
piloto (m)	pilot (m)	[pi'lɔt]
aeromoça (f)	flyvertinne (m/f)	[flyvɛ:'ţinə]
copiloto (m)	styrmann (m)	['styr,mɑn]

asas (f pl)	vinger (m pl)	['viŋər]
cauda (f)	hale (f)	['halə]
cabine (f)	cockpit, førerkabin (m)	['kɔkpit], ['førərkɑ,bin]
motor (m)	motor (m)	['mɔtʉr]

trem (m) de pouso	landingshjul (n)	['laniŋsjʉl]
turbina (f)	turbin (m)	[tʉr'bin]

hélice (f)	propell (m)	[prʉ'pɛl]
caixa-preta (f)	svart boks (m)	['svɑ:ţ bɔks]

coluna (f) de controle	ratt (n)	['rɑt]
combustível (m)	brensel (n)	['brɛnsəl]

instruções (f pl) de segurança	sikkerhetsbrosjyre (m)	['sikərhɛts,brɔ'şyrə]
máscara (f) de oxigênio	oksygenmaske (m/f)	['ɔksygən,maskə]
uniforme (m)	uniform (m)	[ʉni'fɔrm]

colete (m) salva-vidas	redningsvest (m)	['rɛdniŋs,vɛst]
paraquedas (m)	fallskjerm (m)	['fal,şærm]

decolagem (f)	start (m)	['stɑ:ţ]
descolar (vi)	å løfte	[ɔ 'lœftə]
pista (f) de decolagem	startbane (m)	['stɑ:ţ,banə]

visibilidade (f)	siktbarhet (m)	['siktbɑr,het]
voo (m)	flyging (m/f)	['flygiŋ]

altura (f)	høyde (m)	['højdə]
poço (m) de ar	lufthull (n)	['lʉft,hʉl]

assento (m)	plass (m)	['plɑs]
fone (m) de ouvido	hodetelefoner (n pl)	['hɔdətelə,fʉnər]
mesa (f) retrátil	klappbord (n)	['klɑp,bʉr]
janela (f)	vindu (n)	['vindʉ]
corredor (m)	midtgang (m)	['mit,gɑŋ]

25. Comboio

trem (m)	tog (n)	['tɔg]
trem (m) elétrico	lokaltog (n)	[lɔ'kal‚tɔg]
trem (m)	ekspresstog (n)	[ɛks'prɛs‚tɔg]
locomotiva (f) diesel	diesellokomotiv (n)	['disəl lʊkɔmɔ'tiv]
locomotiva (f) a vapor	damplokomotiv (n)	['damp lʊkɔmɔ'tiv]
vagão (f) de passageiros	vogn (m)	['vɔŋn]
vagão-restaurante (m)	restaurantvogn (m/f)	[rɛstʊ'raŋ‚vɔŋn]
carris (m pl)	skinner (m/f pl)	['şinər]
estrada (f) de ferro	jernbane (m)	['jæːn‚banə]
travessa (f)	sville (m/f)	['svilə]
plataforma (f)	perrong, plattform (m/f)	[pɛ'rɔŋ], ['platfɔrm]
linha (f)	spor (n)	['spʊr]
semáforo (m)	semafor (m)	[sema'fʊr]
estação (f)	stasjon (m)	[sta'şʊn]
maquinista (m)	lokfører (m)	['lʊk‚førər]
bagageiro (m)	bærer (m)	['bærər]
hospedeiro, -a (m, f)	betjent (m)	['be'tjɛnt]
passageiro (m)	passasjer (m)	[pasa'şɛr]
revisor (m)	billett inspektør (m)	[bi'let inspɛk'tør]
corredor (m)	korridor (m)	[kʊri'dɔr]
freio (m) de emergência	nødbrems (m)	['nød‚brɛms]
compartimento (m)	kupé (m)	[kʉ'pe]
cama (f)	køye (m/f)	['køjə]
cama (f) de cima	overkøye (m/f)	['ɔvər‚køjə]
cama (f) de baixo	underkøye (m/f)	['ʉnər‚køjə]
roupa (f) de cama	sengetøy (n)	['sɛŋə‚tøj]
passagem (f)	billett (m)	[bi'let]
horário (m)	rutetabell (m)	['rʉtə‚ta'bɛl]
painel (m) de informação	informasjonstavle (m/f)	[informa'şʊns ‚tavlə]
partir (vt)	å avgå	[ɔ 'avgɔ]
partida (f)	avgang (m)	['av‚gaŋ]
chegar (vi)	å ankomme	[ɔ 'an‚kɔmə]
chegada (f)	ankomst (m)	['an‚kɔmst]
chegar de trem	å ankomme med toget	[ɔ 'an‚kɔmə me 'tɔge]
pegar o trem	å gå på toget	[ɔ 'gɔ pɔ 'tɔge]
descer de trem	å gå av toget	[ɔ 'gɔ aː 'tɔge]
acidente (m) ferroviário	togulykke (m/n)	['tɔg ʉ'lʏkə]
descarrilar (vi)	å spore av	[ɔ 'spʊrə aː]
locomotiva (f) a vapor	damplokomotiv (n)	['damp lʊkɔmɔ'tiv]
foguista (m)	fyrbøter (m)	['fyr‚bøtər]
fornalha (f)	fyrrom (n)	['fyr‚rʊm]
carvão (m)	kull (n)	['kʉl]

26. Barco

navio (m)	skip (n)	['şip]
embarcação (f)	fartøy (n)	['fɑːˌtøj]
barco (m) a vapor	dampskip (n)	['dɑmpˌşip]
barco (m) fluvial	elvebåt (m)	['ɛlveˌbɔt]
transatlântico (m)	cruiseskip (n)	['krʉsˌşip]
cruzeiro (m)	krysser (m)	['kryser]
iate (m)	jakt (m/f)	['jakt]
rebocador (m)	bukserbåt (m)	[bʉk'serˌbɔt]
barcaça (f)	lastepram (m)	['lɑsteˌprɑm]
ferry (m)	ferje, ferge (m/f)	['færje], ['færge]
veleiro (m)	seilbåt (n)	['sæjlˌbɔt]
bergantim (m)	brigantin (m)	[brigɑn'tin]
quebra-gelo (m)	isbryter (m)	['isˌbryter]
submarino (m)	ubåt (m)	['ʉːˌbɔt]
bote, barco (m)	båt (m)	['bɔt]
baleeira (bote salva-vidas)	jolle (m/f)	['jɔle]
bote (m) salva-vidas	livbåt (m)	['livˌbɔt]
lancha (f)	motorbåt (m)	['mɔtʉrˌbɔt]
capitão (m)	kaptein (m)	[kɑp'tæjn]
marinheiro (m)	matros (m)	[mɑ'trʉs]
marujo (m)	sjømann (m)	['şøˌmɑn]
tripulação (f)	besetning (m/f)	[be'sɛtniŋ]
contramestre (m)	båtsmann (m)	['bɔsˌmɑn]
grumete (m)	skipsgutt, jungmann (m)	['şipsˌgʉt], ['jʉŋˌmɑn]
cozinheiro (m) de bordo	kokk (m)	['kʉk]
médico (m) de bordo	skipslege (m)	['şipsˌlege]
convés (m)	dekk (n)	['dɛk]
mastro (m)	mast (m/f)	['mɑst]
vela (f)	seil (n)	['sæjl]
porão (m)	lasterom (n)	['lɑsteˌrʉm]
proa (f)	baug (m)	['bæu]
popa (f)	akterende (m)	['ɑkteˌrɛne]
remo (m)	åre (m)	['oːre]
hélice (f)	propell (m)	[prʉ'pɛl]
cabine (m)	hytte (m)	['hʏte]
sala (f) dos oficiais	offisersmesse (m/f)	[ɔfi'sɛrsˌmɛse]
sala (f) das máquinas	maskinrom (n)	[mɑ'şinˌrʉm]
ponte (m) de comando	kommandobro (m/f)	[kɔ'mɑndʉˌbrʉ]
sala (f) de comunicações	radiorom (m)	['rɑdiʉˌrʉm]
onda (f)	bølge (m)	['bølge]
diário (m) de bordo	loggbok (m/f)	['lɔgˌbʉk]
luneta (f)	langkikkert (m)	['lɑŋˌkike:t]
sino (m)	klokke (m/f)	['klɔke]

bandeira (f)	flagg (n)	['flɑg]
cabo (m)	trosse (m/f)	['trʊsə]
nó (m)	knute (m)	['knʉtə]

corrimão (m)	rekkverk (n)	['rɛkˌværk]
prancha (f) de embarque	landgang (m)	['lɑnˌgɑŋ]

âncora (f)	anker (n)	['ɑnkər]
recolher a âncora	å lette anker	[ɔ 'letə 'ɑnkər]
jogar a âncora	å kaste anker	[ɔ 'kɑstə 'ɑnkər]
amarra (corrente de âncora)	ankerkjetting (m)	['ɑnkərˌçɛtiŋ]

porto (m)	havn (m/f)	['hɑvn]
cais, amarradouro (m)	kai (m/f)	['kɑj]
atracar (vi)	å fortøye	[ɔ fɔː'tøjə]
desatracar (vi)	å kaste loss	[ɔ 'kɑstə lɔs]

viagem (f)	reise (m/f)	['ræjsə]
cruzeiro (m)	cruise (n)	['krʉs]
rumo (m)	kurs (m)	['kʉʂ]
itinerário (m)	rute (m/f)	['rʉtə]

canal (m) de navegação	seilrende (m)	['sæjlˌrɛnə]
banco (m) de areia	grunne (m/f)	['grʉnə]
encalhar (vt)	å gå på grunn	[ɔ 'gɔ pɔ 'grʉn]

tempestade (f)	storm (m)	['stɔrm]
sinal (m)	signal (n)	[siŋ'nɑl]
afundar-se (vr)	å synke	[ɔ 'sʏnkə]
Homem ao mar!	Mann over bord!	['mɑn ˌɔvər 'bʊr]
SOS	SOS (n)	[ɛsʉ'ɛs]
boia (f) salva-vidas	livbøye (m/f)	['livˌbøjə]

CIDADE

27. Transportes urbanos

ônibus (m)	buss (m)	['bʉs]
bonde (m) elétrico	trikk (m)	['trik]
trólebus (m)	trolleybuss (m)	['trɔliˌbʉs]
rota (f), itinerário (m)	rute (m/f)	['rʉtə]
número (m)	nummer (n)	['nʉmər]

ir de … (carro, etc.)	å kjøre med …	[ɔ 'çœːrə me …]
entrar no …	å gå på …	[ɔ 'gɔ pɔ …]
descer do …	å gå av …	[ɔ 'gɔ aː …]

parada (f)	holdeplass (m)	['hɔləˌplɑs]
próxima parada (f)	neste holdeplass (m)	['nɛstə 'hɔləˌplɑs]
terminal (m)	endestasjon (m)	['ɛnəˌstɑ'ʂʉn]
horário (m)	rutetabell (m)	['rʉtəˌtɑ'bɛl]
esperar (vt)	å vente	[ɔ 'vɛntə]

passagem (f)	billett (m)	[bi'let]
tarifa (f)	billettpris (m)	[bi'letˌpris]

bilheteiro (m)	kasserer (m)	[ka'serər]
controle (m) de passagens	billettkontroll (m)	[bi'let kʉnˌtrɔl]
revisor (m)	billett inspektør (m)	[bi'let inspɛk'tør]

atrasar-se (vr)	å komme for sent	[ɔ 'kɔmə fɔ'ʂɛnt]
perder (o autocarro, etc.)	å komme for sent til …	[ɔ 'kɔmə fɔ'ʂɛnt til …]
estar com pressa	å skynde seg	[ɔ 'ʂynə sæj]

táxi (m)	drosje (m/f), taxi (m)	['drɔʂɛ], ['tɑksi]
taxista (m)	taxisjåfør (m)	['tɑksi ʂɔ'før]
de táxi (ir ~)	med taxi	[me 'tɑksi]
ponto (m) de táxis	taxiholdeplass (m)	['tɑksi 'hɔləˌplɑs]
chamar um táxi	å taxi bestellen	[ɔ 'tɑksi be'stɛlən]
pegar um táxi	å ta taxi	[ɔ 'tɑ ˌtɑksi]

tráfego (m)	trafikk (m)	[trɑ'fik]
engarrafamento (m)	trafikkork (m)	[trɑ'fikˌkɔrk]
horas (f pl) de pico	rushtid (m/f)	['rʉʂˌtid]
estacionar (vi)	å parkere	[ɔ par'kerə]
estacionar (vt)	å parkere	[ɔ par'kerə]
parque (m) de estacionamento	parkeringsplass (m)	[par'keriŋsˌplɑs]

metrô (m)	tunnelbane, T-bane (m)	['tʉnəlˌbɑnə], ['tɛːˌbɑnə]
estação (f)	stasjon (m)	[stɑ'ʂʉn]
ir de metrô	å kjøre med T-bane	[ɔ 'çœːrə me 'tɛːˌbɑnə]
trem (m)	tog (n)	['tɔg]
estação (f) de trem	togstasjon (m)	['tɔgˌstɑ'ʂʉn]

28. Cidade. Vida na cidade

cidade (f)	by (m)	['by]
capital (f)	hovedstad (m)	['huvəd,stad]
aldeia (f)	landsby (m)	['lans,by]
mapa (m) da cidade	bykart (n)	['by,ka:t]
centro (m) da cidade	sentrum (n)	['sentrum]
subúrbio (m)	forstad (m)	['fɔ,ṣtad]
suburbano (adj)	forstads-	['fɔ,ṣtads-]
periferia (f)	utkant (m)	['ʉt,kant]
arredores (m pl)	omegner (m pl)	['ɔm,æjnər]
quarteirão (m)	kvarter (n)	[kvaːʈer]
quarteirão (m) residencial	boligkvarter (n)	['bʉli,kvaːʈer]
tráfego (m)	trafikk (m)	[tra'fik]
semáforo (m)	trafikklys (n)	[tra'fik,lys]
transporte (m) público	offentlig transport (m)	['ɔfentli trans'pɔːt]
cruzamento (m)	veikryss (n)	['væjkrʏs]
faixa (f)	fotgjengerovergang (m)	['fʉtjɛŋər 'ɔver,gaŋ]
túnel (m) subterrâneo	undergang (m)	['ʉnər,gaŋ]
cruzar, atravessar (vt)	å gå over	[ɔ 'gɔ 'ɔvər]
pedestre (m)	fotgjenger (m)	['fʉtjɛŋər]
calçada (f)	fortau (n)	['fɔː,ṭaʉ]
ponte (f)	bro (m/f)	['brʉ]
margem (f) do rio	kai (m/f)	['kaj]
fonte (f)	fontene (m)	['fʉntnə]
alameda (f)	allé (m)	[a'leː]
parque (m)	park (m)	['park]
bulevar (m)	bulevard (m)	[bule'var]
praça (f)	torg (n)	['tɔr]
avenida (f)	aveny (m)	[ave'ny]
rua (f)	gate (m/f)	['gatə]
travessa (f)	sidegate (m/f)	['sidə,gatə]
beco (m) sem saída	blindgate (m/f)	['blin,gatə]
casa (f)	hus (n)	['hʉs]
edifício, prédio (m)	bygning (m/f)	['bʏgniŋ]
arranha-céu (m)	skyskraper (m)	['ṣy,skrapər]
fachada (f)	fasade (m)	[fa'sadə]
telhado (m)	tak (n)	['tak]
janela (f)	vindu (n)	['vindʉ]
arco (m)	bue (m)	['bʉːə]
coluna (f)	søyle (m)	['søjlə]
esquina (f)	hjørne (n)	['jœːnə]
vitrine (f)	utstillingsvindu (n)	['ʉt,stiliŋs 'vindʉ]
letreiro (m)	skilt (n)	['ṣilt]
cartaz (do filme, etc.)	plakat (m)	[pla'kat]
cartaz (m) publicitário	reklameplakat (m)	[rɛ'klamə,pla'kat]

painel (m) publicitário	reklametavle (m/f)	[rɛ'klɑmə‚tɑvlə]
lixo (m)	søppel (m/f/n), avfall (n)	['sœpəl], ['ɑv‚fɑl]
lata (f) de lixo	søppelkasse (m/f)	['sœpəl‚kɑsə]
jogar lixo na rua	å kaste søppel	[ɔ 'kɑstə 'sœpəl]
aterro (m) sanitário	søppelfylling (m/f), deponi (n)	['sœpəl‚fʏliŋ], [‚depɔ'ni]

orelhão (m)	telefonboks (m)	[tele'fʉn‚bɔks]
poste (m) de luz	lyktestolpe (m)	['lʏktə‚stɔlpə]
banco (m)	benk (m)	['bɛŋk]

polícia (m)	politi (m)	[pʉli'ti]
polícia (instituição)	politi (n)	[pʉli'ti]
mendigo, pedinte (m)	tigger (m)	['tigər]
desabrigado (m)	hjemløs	['jɛm‚løs]

29. Instituições urbanas

loja (f)	forretning, butikk (m)	[fɔ'rɛtniŋ], [bʉ'tik]
drogaria (f)	apotek (n)	[ɑpʉ'tek]
ótica (f)	optikk (m)	[ɔp'tik]
centro (m) comercial	kjøpesenter (n)	['çœpə‚sɛntər]
supermercado (m)	supermarked (n)	['sʉpə‚mɑrket]

padaria (f)	bakeri (n)	[bɑke'ri]
padeiro (m)	baker (n)	['bɑkər]
pastelaria (f)	konditori (n)	[kʉnditɔ'ri]
mercearia (f)	matbutikk (m)	['mɑtbʉ‚tik]
açougue (m)	slakterbutikk (m)	['ʂlɑktəbʉ‚tik]

| fruteira (f) | grønnsaksbutikk (m) | ['grœn‚sɑks bʉ'tik] |
| mercado (m) | marked (n) | ['mɑrkəd] |

cafeteria (f)	kafé, kaffebar (m)	[kɑ'fe], ['kɑfə‚bɑr]
restaurante (m)	restaurant (m)	[rɛstʉ'rɑŋ]
bar (m)	pub (m)	['pʉb]
pizzaria (f)	pizzeria (m)	[pitsə'riɑ]

salão (m) de cabeleireiro	frisørsalong (m)	[fri'sør sɑ‚lɔŋ]
agência (f) dos correios	post (m)	['pɔst]
lavanderia (f)	renseri (n)	[rɛnse'ri]
estúdio (m) fotográfico	fotostudio (n)	['foto‚stʉdiɔ]

sapataria (f)	skobutikk (m)	['skʉ‚bʉ'tik]
livraria (f)	bokhandel (m)	['bʉk‚hɑndəl]
loja (f) de artigos esportivos	idrettsbutikk (m)	['idrɛts bʉ'tik]

costureira (m)	reparasjon (m) av klær	[repɑrɑ'ʂʉn ɑ: ‚klær]
aluguel (m) de roupa	leie (m/f) av klær	['læjə ɑ: ‚klær]
videolocadora (f)	filmutleie (m/f)	['film‚ʉt'læje]

circo (m)	sirkus (m/n)	['sirkʉs]
jardim (m) zoológico	zoo, dyrepark (m)	['sʉ:], [dyrə'pɑrk]
cinema (m)	kino (m)	['çinʉ]
museu (m)	museum (n)	[mʉ'seum]

biblioteca (f)	bibliotek (n)	[bibliʉ'tek]
teatro (m)	teater (n)	[te'atər]
ópera (f)	opera (m)	['ʉpera]
boate (casa noturna)	nattklubb (m)	['nat,klʉb]
cassino (m)	kasino (n)	[ka'sinʉ]
mesquita (f)	moské (m)	[mʉ'ske]
sinagoga (f)	synagoge (m)	[syna'gʉgə]
catedral (f)	katedral (m)	[kate'dral]
templo (m)	tempel (n)	['tɛmpəl]
igreja (f)	kirke (m/f)	['çirkə]
faculdade (f)	institutt (n)	[insti'tʉt]
universidade (f)	universitet (n)	[ʉnivæʂi'tet]
escola (f)	skole (m/f)	['skʉlə]
prefeitura (f)	prefektur (n)	[prɛfɛk'tʉr]
câmara (f) municipal	rådhus (n)	['rɔd,hʉs]
hotel (m)	hotell (n)	[hʉ'tɛl]
banco (m)	bank (m)	['bank]
embaixada (f)	ambassade (m)	[amba'sadə]
agência (f) de viagens	reisebyrå (n)	['ræjsə by,rɔ]
agência (f) de informações	opplysningskontor (n)	[ɔp'lʏsniŋs kʉn'tʉr]
casa (f) de câmbio	vekslingskontor (n)	['vɛkʂliŋs kʉn'tʉr]
metrô (m)	tunnelbane, T-bane (m)	['tʉnəl,banə], ['tɛː,banə]
hospital (m)	sykehus (n)	['sykə,hʉs]
posto (m) de gasolina	bensinstasjon (m)	[bɛn'sin,sta'ʂʉn]
parque (m) de estacionamento	parkeringsplass (m)	[par'keriŋs,plas]

30. Sinais

letreiro (m)	skilt (n)	['ʂilt]
aviso (m)	innskrift (m/f)	['in,skrift]
cartaz, pôster (m)	plakat, poster (m)	['pla,kat], ['pɔstər]
placa (f) de direção	veiviser (m)	['væj,visər]
seta (f)	pil (m/f)	['pil]
aviso (advertência)	advarsel (m)	['ad,vaʂəl]
sinal (m) de aviso	varselskilt (n)	['vaʂəl,ʂilt]
avisar, advertir (vt)	å varsle	[ɔ 'vaʂlə]
dia (m) de folga	fridag (m)	['fri,da]
horário (~ dos trens, etc.)	rutetabell (m)	['rʉtə,ta'bɛl]
horário (m)	åpningstider (m/f pl)	['ɔpniŋs,tidər]
BEM-VINDOS!	VELKOMMEN!	['vɛl,kɔmən]
ENTRADA	INNGANG	['in,gaŋ]
SAÍDA	UTGANG	['ʉt,gaŋ]
EMPURRE	SKYV	['ʂyv]
PUXE	TREKK	['trɛk]

ABERTO	ÅPENT	['ɔpənt]
FECHADO	STENGT	['stɛnt]

MULHER	DAMER	['damər]
HOMEM	HERRER	['hærər]

DESCONTOS	RABATT	[ra'bat]
SALDOS, PROMOÇÃO	SALG	['salg]
NOVIDADE!	NYTT!	['nʏt]
GRÁTIS	GRATIS	['gratis]

ATENÇÃO!	FORSIKTIG!	[fʊ'ʂiktə]
NÃO HÁ VAGAS	INGEN LEDIGE ROM	['iŋən 'lediə rʊm]
RESERVADO	RESERVERT	[resɛr'vɛːt]

ADMINISTRAÇÃO	ADMINISTRASJON	[administra'ʂʊn]
SOMENTE PESSOAL	KUN FOR ANSATTE	['kʉn fɔr an'satə]
AUTORIZADO		

CUIDADO CÃO FEROZ	VOKT DEM FOR HUNDEN	['vɔkt dem fɔ 'hʉnən]
PROIBIDO FUMAR!	RØYKING FORBUDT	['røjkiŋ fɔr'bʉt]
NÃO TOCAR	IKKE RØR!	['ikə 'rør]

PERIGOSO	FARLIG	['faːli]
PERIGO	FARE	['farə]
ALTA TENSÃO	HØYSPENNING	['høj,spɛniŋ]
PROIBIDO NADAR	BADING FORBUDT	['badiŋ fɔr'bʉt]
COM DEFEITO	I USTAND	[i 'ʉ,stan]

INFLAMÁVEL	BRANNFARLIG	['bran,faːli]
PROIBIDO	FORBUDT	[fɔr'bʉt]
ENTRADA PROIBIDA	INGEN INNKJØRING	['iŋən 'in,çœriŋ]
CUIDADO TINTA FRESCA	NYMALT	['ny,malt]

31. Compras

comprar (vt)	å kjøpe	[ɔ 'çœːpə]
compra (f)	innkjøp (n)	['in,çœp]
fazer compras	å gå shopping	[ɔ 'gɔ ˌʂɔpiŋ]
compras (f pl)	shopping (m)	['ʂɔpiŋ]

estar aberta (loja)	å være åpen	[ɔ 'værə 'ɔpən]
estar fechada	å være stengt	[ɔ 'værə 'stɛnt]

calçado (m)	skotøy (n)	['skʉtøj]
roupa (f)	klær (n)	['klær]
cosméticos (m pl)	kosmetikk (m)	[kʉsme'tik]
alimentos (m pl)	matvarer (m/f pl)	['mat,varər]
presente (m)	gave (m/f)	['gavə]

vendedor (m)	forselger (m)	[fɔ'ʂɛlər]
vendedora (f)	forselger (m)	[fɔ'ʂɛlər]
caixa (f)	kasse (m/f)	['kasə]
espelho (m)	speil (n)	['spæjl]

balcão (m)	disk (m)	['disk]
provador (m)	prøverom (n)	['prøvəˌrʊm]
provar (vt)	å prøve	[ɔ 'prøvə]
servir (roupa, caber)	å passe	[ɔ 'pasə]
gostar (apreciar)	å like	[ɔ 'likə]
preço (m)	pris (m)	['pris]
etiqueta (f) de preço	prislapp (m)	['prisˌlɑp]
custar (vt)	å koste	[ɔ 'kɔstə]
Quanto?	Hvor mye?	[vʊr 'mye]
desconto (m)	rabatt (m)	[rɑ'bɑt]
não caro (adj)	billig	['bili]
barato (adj)	billig	['bili]
caro (adj)	dyr	['dyr]
É caro	Det er dyrt	[de ær 'dy:t]
aluguel (m)	utleie (m/f)	['ʉtˌlæje]
alugar (roupas, etc.)	å leie	[ɔ 'læjə]
crédito (m)	kreditt (m)	[krɛ'dit]
a crédito	på kreditt	[pɔ krɛ'dit]

VESTUÁRIO & ACESSÓRIOS

32. Roupa exterior. Casacos

roupa (f)	klær (n)	['klær]
roupa (f) exterior	yttertøy (n)	['yte̩tøj]
roupa (f) de inverno	vinterklær (n pl)	['vintər̩klær]
sobretudo (m)	frakk (m), kåpe (m/f)	['frɑk], ['ko:pə]
casaco (m) de pele	pels (m), pelskåpe (m/f)	['pɛls], ['pɛls̩ko:pə]
jaqueta (f) de pele	pelsjakke (m/f)	['pɛls̩jakə]
casaco (m) acolchoado	dunjakke (m/f)	['dʉn̩jakə]
casaco (m), jaqueta (f)	jakke (m/f)	['jakə]
impermeável (m)	regnfrakk (m)	['ræjn̩frɑk]
a prova d'água	vanntett	['vɑn̩tɛt]

33. Vestuário de homem & mulher

camisa (f)	skjorte (m/f)	['ʂœ:ʈə]
calça (f)	bukse (m)	['bʉksə]
jeans (m)	jeans (m)	['dʒins]
paletó, terno (m)	dressjakke (m/f)	['drɛs̩jakə]
terno (m)	dress (m)	['drɛs]
vestido (ex. ~ de noiva)	kjole (m)	['çʉlə]
saia (f)	skjørt (n)	['ʂø:ʈ]
blusa (f)	bluse (m)	['blʉsə]
casaco (m) de malha	strikket trøye (m/f)	['strikə 'trøjə]
casaco, blazer (m)	blazer (m)	['blæsər]
camiseta (f)	T-skjorte (m/f)	['te̩ʂœ:ʈə]
short (m)	shorts (m)	['ʂɔ:ʈs]
training (m)	treningsdrakt (m/f)	['treniŋs̩drɑkt]
roupão (m) de banho	badekåpe (m/f)	['bɑdə̩ko:pə]
pijama (m)	pyjamas (m)	[py'ʂɑmɑs]
suéter (m)	sweater (m)	['svɛtər]
pulôver (m)	pullover (m)	[pʉ'lovər]
colete (m)	vest (m)	['vɛst]
fraque (m)	livkjole (m)	['liv̩çʉlə]
smoking (m)	smoking (m)	['smɔkiŋ]
uniforme (m)	uniform (m)	[ʉni'fɔrm]
roupa (f) de trabalho	arbeidsklær (n pl)	['ɑrbæjds̩klær]
macacão (m)	kjeledress, overall (m)	['çelə̩drɛs], ['ɔvɛr̩ɔl]
jaleco (m), bata (f)	kittel (m)	['çitəl]

34. Vestuário. Roupa interior

roupa (f) íntima	undertøy (n)	['ʉnəˌtøj]
cueca boxer (f)	underbukse (m/f)	['ʉnərˌbʉksə]
calcinha (f)	truse (m/f)	['trʉsə]
camiseta (f)	undertrøye (m/f)	['ʉnəˌtrøjə]
meias (f pl)	sokker (m pl)	['sɔkər]

camisola (f)	nattkjole (m)	['natˌçʉlə]
sutiã (m)	behå (m)	['beˌhɔ]
meias longas (f pl)	knestrømper (m/f pl)	['knɛˌstrømpər]
meias-calças (f pl)	strømpebukse (m/f)	['strømpəˌbʉksə]
meias (~ de nylon)	strømper (m/f pl)	['strømpər]
maiô (m)	badedrakt (m/f)	['badəˌdrakt]

35. Adereços de cabeça

chapéu (m), touca (f)	hatt (m)	['hat]
chapéu (m) de feltro	hatt (m)	['hat]
boné (m) de beisebol	baseball cap (m)	['bɛjsbɔl kɛp]
boina (~ italiana)	sikspens (m)	['sikspens]

boina (ex. ~ basca)	alpelue, baskerlue (m/f)	['alpəˌlʉə], ['baskəˌlʉə]
capuz (m)	hette (m/f)	['hɛtə]
chapéu panamá (m)	panamahatt (m)	['panamaˌhat]
touca (f)	strikket lue (m/f)	['strikəˌlʉə]

| lenço (m) | skaut (n) | ['skaʊt] |
| chapéu (m) feminino | hatt (m) | ['hat] |

capacete (m) de proteção	hjelm (m)	['jɛlm]
bibico (m)	båtlue (m/f)	['bɔtˌlʉə]
capacete (m)	hjelm (m)	['jɛlm]

| chapéu-coco (m) | bowlerhatt, skalk (m) | ['baʊlerˌhat], ['skalk] |
| cartola (f) | flosshatt (m) | ['flɔsˌhat] |

36. Calçado

calçado (m)	skotøy (n)	['skʉtøj]
botinas (f pl), sapatos (m pl)	skor (m pl)	['skʉr]
sapatos (de salto alto, etc.)	pumps (m pl)	['pʉmps]
botas (f pl)	støvler (m pl)	['støvlər]
pantufas (f pl)	tøfler (m pl)	['tøflər]

tênis (~ Nike, etc.)	tennissko (m pl)	['tɛnisˌskʉ]
tênis (~ Converse)	canvas sko (m pl)	['kanvas ˌskʉ]
sandálias (f pl)	sandaler (m pl)	[san'dalər]

| sapateiro (m) | skomaker (m) | ['skʉˌmakər] |
| salto (m) | hæl (m) | ['hæl] |

par (m)	par (n)	['par]
cadarço (m)	skolisse (m/f)	['skʉˌlisə]
amarrar os cadarços	å snøre	[ɔ 'snørə]
calçadeira (f)	skohorn (n)	['skʉˌhuːɳ]
graxa (f) para calçado	skokrem (m)	['skʉˌkrɛm]

37. Acessórios pessoais

luva (f)	hansker (m pl)	['hanskər]
mitenes (f pl)	votter (m pl)	['vɔtər]
cachecol (m)	skjerf (n)	['ʂærf]

óculos (m pl)	briller (m pl)	['brilər]
armação (f)	innfatning (m/f)	['inˌfatniŋ]
guarda-chuva (m)	paraply (m)	[paraˈply]
bengala (f)	stokk (m)	['stɔk]
escova (f) para o cabelo	hårbørste (m)	['horˌbœʂtə]
leque (m)	vifte (m/f)	['viftə]

gravata (f)	slips (n)	['slips]
gravata-borboleta (f)	sløyfe (m/f)	['ʂløjfə]
suspensórios (m pl)	bukseseler (m pl)	['bʉksəˈselər]
lenço (m)	lommetørkle (n)	['lʉməˌtœrklə]

pente (m)	kam (m)	['kam]
fivela (f) para cabelo	hårspenne (m/f/n)	['hoːrˌspɛnə]
grampo (m)	hårnål (m/f)	['hoːrˌnol]
fivela (f)	spenne (m/f/n)	['spɛnə]

| cinto (m) | belte (m) | ['bɛltə] |
| alça (f) de ombro | skulderreim, rem (m/f) | ['skʉldəˌræjm], ['rem] |

bolsa (f)	veske (m/f)	['vɛskə]
bolsa (feminina)	håndveske (m/f)	['hɔnˌvɛskə]
mochila (f)	ryggsekk (m)	['rʏgˌsɛk]

38. Vestuário. Diversos

moda (f)	mote (m)	['mʉtə]
na moda (adj)	moteriktig	['mʉtəˌrikti]
estilista (m)	moteskaper (m)	['mʉtəˌskapər]

colarinho (m)	krage (m)	['kragə]
bolso (m)	lomme (m/f)	['lʉmə]
de bolso	lomme-	['lʉmə-]
manga (f)	erme (n)	['ærmə]
ganchinho (m)	hempe (m)	['hɛmpə]
bragueta (f)	gylf, buksesmekk (m)	['gylf], ['bʉksəˌsmɛk]

zíper (m)	glidelås (m/n)	['glidəˌlɔs]
colchete (m)	hekte (m/f), knepping (m)	['hɛktə], ['knɛpiŋ]
botão (m)	knapp (m)	['knap]

botoeira (casa de botão)	klapphull (n)	['klɑp,hʉl]
soltar-se (vr)	å falle av	[ɔ 'falə ɑ:]

costurar (vi)	å sy	[ɔ 'sy]
bordar (vt)	å brodere	[ɔ brʉ'derə]
bordado (m)	broderi (n)	[brʉde'ri]
agulha (f)	synål (m/f)	['sy,nɔl]
fio, linha (f)	tråd (m)	['trɔ]
costura (f)	søm (m)	['søm]

sujar-se (vr)	å skitne seg til	[ɔ 'ṣitnə sæj til]
mancha (f)	flekk (m)	['flek]
amarrotar-se (vr)	å bli skrukkete	[ɔ 'bli 'skrʉketə]
rasgar (vt)	å rive	[ɔ 'rivə]
traça (f)	møll (m/n)	['møl]

39. Cuidados pessoais. Cosméticos

pasta (f) de dente	tannpasta (m)	['tan,pasta]
escova (f) de dente	tannbørste (m)	['tan,bœṣtə]
escovar os dentes	å pusse tennene	[ɔ 'pʉsə 'tɛnənə]

gilete (f)	høvel (m)	['høvəl]
creme (m) de barbear	barberkrem (m)	[bɑr'bɛr,krɛm]
barbear-se (vr)	å barbere seg	[ɔ bɑr'berə sæj]

sabonete (m)	såpe (m/f)	['so:pə]
xampu (m)	sjampo (m)	['ṣam,pʉ]

tesoura (f)	saks (m/f)	['saks]
lixa (f) de unhas	neglefil (m/f)	['nɛjlə,fil]
corta-unhas (m)	negleklipper (m)	['nɛjlə,klipər]
pinça (f)	pinsett (m)	[pin'sɛt]

cosméticos (m pl)	kosmetikk (m)	[kʉsme'tik]
máscara (f)	ansiktsmaske (m/f)	['ɑnsikts,maskə]
manicure (f)	manikyr (m)	[mɑni'kyr]
fazer as unhas	å få manikyr	[ɔ 'fɔ mɑni'kyr]
pedicure (f)	pedikyr (m)	[pedi'kyr]

bolsa (f) de maquiagem	sminkeveske (m/f)	['sminkə,vɛskə]
pó (de arroz)	pudder (n)	['pʉdər]
pó (m) compacto	pudderdåse (m)	['pʉdər,do:sə]
blush (m)	rouge (m)	['ru:ṣ]

perfume (m)	parfyme (m)	[pɑr'fymə]
água-de-colônia (f)	eau de toilette (m)	['ɔ: də twa'let]
loção (f)	lotion (m)	['loʉṣɛn]
colônia (f)	eau de cologne (m)	['ɔ: də kɔ'lɔŋ]

sombra (f) de olhos	øyeskygge (m)	['øjə,sygə]
delineador (m)	eyeliner (m)	['ɑ:j,lɑjnər]
máscara (f), rímel (m)	maskara (m)	[mɑ'skɑrɑ]
batom (m)	leppestift (m)	['lepə,stift]

esmalte (m)	neglelakk (m)	['nɛjlə‚lak]
laquê (m), spray fixador (m)	hårlakk (m)	['hoːr‚lak]
desodorante (m)	deodorant (m)	[deudu'rant]

creme (m)	krem (m)	['krɛm]
creme (m) de rosto	ansiktskrem (m)	['ansikts‚krɛm]
creme (m) de mãos	håndkrem (m)	['hɔn‚krɛm]
creme (m) antirrugas	antirynkekrem (m)	[anti'rʏnkə‚krɛm]
creme (m) de dia	dagkrem (m)	['dag‚krɛm]
creme (m) de noite	nattkrem (m)	['nat‚krɛm]
de dia	dag-	['dag-]
da noite	natt-	['nat-]

absorvente (m) interno	tampong (m)	[tam'pɔŋ]
papel (m) higiênico	toalettpapir (n)	[tʉɑ'let pɑ'pir]
secador (m) de cabelo	hårføner (m)	['hoːr‚fønər]

40. Relógios de pulso. Relógios

relógio (m) de pulso	armbåndsur (n)	['armbɔns‚ʉr]
mostrador (m)	urskive (m/f)	['ʉː‚ʂivə]
ponteiro (m)	viser (m)	['visər]
bracelete (em aço)	armbånd (n)	['arm‚bɔn]
bracelete (em couro)	rem (m/f)	['rem]

pilha (f)	batteri (n)	[batɛ'ri]
acabar (vi)	å bli utladet	[ɔ 'bli 'ʉt‚ladət]
trocar a pilha	å skifte batteriene	[ɔ 'ʂiftə batɛ'riene]
estar adiantado	å gå for fort	[ɔ 'gɔ fɔ 'foːt]
estar atrasado	å gå for sakte	[ɔ 'gɔ fɔ 'saktə]

relógio (m) de parede	veggur (n)	['vɛg‚ʉr]
ampulheta (f)	timeglass (n)	['timə‚glas]
relógio (m) de sol	solur (n)	['sʉl‚ʉr]
despertador (m)	vekkerklokka (m/f)	['vɛkər‚klɔka]
relojoeiro (m)	urmaker (m)	['ʉr‚makər]
reparar (vt)	å reparere	[ɔ repɑ'rerə]

EXPERIÊNCIA DO QUOTIDIANO

41. Dinheiro

dinheiro (m)	penger (m pl)	['pɛŋər]
câmbio (m)	veksling (m/f)	['vɛkṣliŋ]
taxa (f) de câmbio	kurs (m)	['kʉṣ]
caixa (m) eletrônico	minibank (m)	['mini‚bɑnk]
moeda (f)	mynt (m)	['mʏnt]
dólar (m)	dollar (m)	['dɔlɑr]
euro (m)	euro (m)	['ɛʉrʉ]
lira (f)	lira (m)	['lire]
marco (m)	mark (m/f)	['mɑrk]
franco (m)	franc (m)	['frɑn]
libra (f) esterlina	pund sterling (m)	['pʉn stɛ:'ʟiŋ]
iene (m)	yen (m)	['jɛn]
dívida (f)	skyld (m/f), gjeld (m)	['ṣyl], ['jɛl]
devedor (m)	skyldner (m)	['ṣylnər]
emprestar (vt)	å låne ut	[ɔ 'lo:nə ʉt]
pedir emprestado	å låne	[ɔ 'lo:nə]
banco (m)	bank (m)	['bɑnk]
conta (f)	konto (m)	['kɔntʉ]
depositar (vt)	å sette inn	[ɔ 'sɛtə in]
depositar na conta	å sette inn på kontoen	[ɔ 'sɛtə in pɔ 'kɔntʉən]
sacar (vt)	å ta ut fra kontoen	[ɔ 'tɑ ʉt frɑ 'kɔntʉən]
cartão (m) de crédito	kredittkort (n)	[krɛ'dit‚kɔ:t]
dinheiro (m) vivo	kontanter (m pl)	[kʉn'tɑntər]
cheque (m)	sjekk (m)	['ṣɛk]
passar um cheque	å skrive en sjekk	[ɔ 'skrivə en 'ṣɛk]
talão (m) de cheques	sjekkbok (m/f)	['ṣɛk‚bʉk]
carteira (f)	lommebok (m)	['lʉmə‚bʉk]
niqueleira (f)	pung (m)	['pʉŋ]
cofre (m)	safe, seif (m)	['sɛjf]
herdeiro (m)	arving (m)	['ɑrviŋ]
herança (f)	arv (m)	['ɑrv]
fortuna (riqueza)	formue (m)	['fɔr‚mʉə]
arrendamento (m)	leie (m)	['læje]
aluguel (pagar o ~)	husleie (m/f)	['hʉs‚læje]
alugar (vt)	å leie	[ɔ 'læjə]
preço (m)	pris (m)	['pris]
custo (m)	kostnad (m)	['kɔstnɑd]

soma (f)	sum (m)	['sʉm]
gastar (vt)	å bruke	[ɔ 'brʉkə]
gastos (m pl)	utgifter (m/f pl)	['ʉt͡jiftər]
economizar (vi)	å spare	[ɔ 'spɑrə]
econômico (adj)	sparsom	['spɑʂɔm]

pagar (vt)	å betale	[ɔ be'tɑlə]
pagamento (m)	betaling (m/f)	[be'tɑliŋ]
troco (m)	vekslepenger (pl)	['vɛkʂlə͡pɛŋər]

imposto (m)	skatt (m)	['skɑt]
multa (f)	bot (m/f)	['bʉt]
multar (vt)	å bøtelegge	[ɔ 'bøtə͡legə]

42. Correios. Serviço postal

agência (f) dos correios	post (m)	['pɔst]
correio (m)	post (m)	['pɔst]
carteiro (m)	postbud (n)	['pɔst͡bʉd]
horário (m)	åpningstider (m/f pl)	['ɔpniŋs͡tidər]

carta (f)	brev (n)	['brev]
carta (f) registada	rekommandert brev (n)	[rekʉmɑn'dɛːʈ ͡brev]
cartão (m) postal	postkort (n)	['pɔst͡kɔːʈ]
telegrama (m)	telegram (n)	[tele'grɑm]
encomenda (f)	postpakke (m/f)	['pɔst͡pɑkə]
transferência (f) de dinheiro	pengeoverføring (m/f)	['pɛŋə 'ɔvər͡føriŋ]

receber (vt)	å motta	[ɔ 'mɔtɑ]
enviar (vt)	å sende	[ɔ 'sɛnə]
envio (m)	avsending (m)	['ɑf͡sɛniŋ]
endereço (m)	adresse (m)	[ɑ'drɛsə]
código (m) postal	postnummer (n)	['pɔst͡nʉmər]
remetente (m)	avsender (m)	['ɑf͡sɛnər]
destinatário (m)	mottaker (m)	['mɔt͡tɑkər]

nome (m)	fornavn (n)	['fɔr͡nɑvn]
sobrenome (m)	etternavn (n)	['ɛtə͡ŋɑvn]
tarifa (f)	tariff (m)	[tɑ'rif]
ordinário (adj)	vanlig	['vɑnli]
econômico (adj)	økonomisk	[økʉ'nɔmisk]

peso (m)	vekt (m)	['vɛkt]
pesar (estabelecer o peso)	å veie	[ɔ 'væje]
envelope (m)	konvolutt (m)	[kʉnvʉ'lʉt]
selo (m) postal	frimerke (n)	['fri͡mærkə]
colar o selo	å sette på frimerke	[ɔ 'sɛtə pɔ 'fri͡mærkə]

43. Banca

banco (m)	bank (m)	['bɑnk]
balcão (f)	avdeling (m)	['ɑv͡deliŋ]

| consultor (m) bancário | konsulent (m) | [kʊnsʉ'lent] |
| gerente (m) | forstander (m) | [fɔ'ʂtandər] |

conta (f)	bankkonto (m)	['bank‚kɔntʊ]
número (m) da conta	kontonummer (n)	['kɔntʊ‚nʉmər]
conta (f) corrente	sjekkonto (m)	['ʂɛk‚kɔntʊ]
conta (f) poupança	sparekonto (m)	['sparə‚kɔntʊ]

abrir uma conta	å åpne en konto	[ɔ 'ɔpnə en 'kɔntʊ]
fechar uma conta	å lukke kontoen	[ɔ 'lʉkə 'kɔntʊən]
depositar na conta	å sette inn på kontoen	[ɔ 'sɛtə in pɔ 'kɔntʊən]
sacar (vt)	å ta ut fra kontoen	[ɔ 'ta ʉt fra 'kɔntʊən]

depósito (m)	innskudd (n)	['in‚skʉd]
fazer um depósito	å sette inn	[ɔ 'sɛtə in]
transferência (f) bancária	overføring (m/f)	['ɔvər‚føriŋ]
transferir (vt)	å overføre	[ɔ 'ɔvər‚førə]

| soma (f) | sum (m) | ['sʉm] |
| Quanto? | Hvor mye? | [vʊr 'mye] |

| assinatura (f) | underskrift (m/f) | ['ʉnə‚skrift] |
| assinar (vt) | å underskrive | [ɔ 'ʉnə‚skrivə] |

cartão (m) de crédito	kredittkort (n)	[krɛ'dit‚kɔ:t]
senha (f)	kode (m)	['kʊdə]
número (m) do cartão de crédito	kreditkortnummer (n)	[krɛ'dit‚kɔ:t 'nʉmər]
caixa (m) eletrônico	minibank (m)	['mini‚bank]

cheque (m)	sjekk (m)	['ʂɛk]
passar um cheque	å skrive en sjekk	[ɔ 'skrivə en 'ʂɛk]
talão (m) de cheques	sjekkbok (m/f)	['ʂɛk‚bʊk]

empréstimo (m)	lån (n)	['lɔn]
pedir um empréstimo	å søke om lån	[ɔ ‚søkə ɔm 'lɔn]
obter empréstimo	å få lån	[ɔ 'fɔ 'lɔn]
dar um empréstimo	å gi lån	[ɔ 'ji 'lɔn]
garantia (f)	garanti (m)	[garan'ti]

44. Telefone. Conversação telefônica

telefone (m)	telefon (m)	[tele'fʊn]
celular (m)	mobiltelefon (m)	[mʊ'bil tele'fʊn]
secretária (f) eletrônica	telefonsvarer (m)	[tele'fʊn‚svarər]

| fazer uma chamada | å ringe | [ɔ 'riŋə] |
| chamada (f) | telefonsamtale (m) | [tele'fʊn 'sam‚talə] |

discar um número	å slå et nummer	[ɔ 'ʂlɔ et 'nʉmər]
Alô!	Hallo!	[ha'lʊ]
perguntar (vt)	å spørre	[ɔ 'spørə]
responder (vt)	å svare	[ɔ 'svarə]
ouvir (vt)	å høre	[ɔ 'hørə]

bem	godt	['gɔt]
mal	dårlig	['doːli̯]
ruído (m)	støy (m)	['støj]

fone (m)	telefonrør (n)	[tele'fʊn,rør]
pegar o telefone	å ta telefonen	[ɔ 'ta tele'fʊnən]
desligar (vi)	å legge på røret	[ɔ 'legə pɔ 'rørə]

ocupado (adj)	opptatt	['ɔp,tat]
tocar (vi)	å ringe	[ɔ 'riŋə]
lista (f) telefônica	telefonkatalog (m)	[tele'fʊn kata'lɔg]

local (adj)	lokal-	[lɔ'kal-]
chamada (f) local	lokalsamtale (m)	[lɔ'kal 'sam,talə]
de longa distância	riks-	['riks-]
chamada (f) de longa distância	rikssamtale (m)	['riks 'sam,talə]
internacional (adj)	internasjonal	['intɛːŋaʂʊ,nal]
chamada (f) internacional	internasjonal samtale (m)	['intɛːŋaʂʊ,nal 'sam,talə]

45. Telefone móvel

celular (m)	mobiltelefon (m)	[mʊ'bil tele'fʊn]
tela (f)	skjerm (m)	['ʂærm]
botão (m)	knapp (m)	['knap]
cartão SIM (m)	SIM-kort (n)	['sim,kɔːt]

bateria (f)	batteri (n)	[batɛ'ri]
descarregar-se (vr)	å bli utladet	[ɔ 'bli 'ʉt,ladət]
carregador (m)	lader (m)	['ladər]

menu (m)	meny (m)	[me'ny]
configurações (f pl)	innstillinger (m/f pl)	['in,stiliŋər]
melodia (f)	melodi (m)	[melɔ'di]
escolher (vt)	å velge	[ɔ 'vɛlgə]

calculadora (f)	regnemaskin (m)	['rɛjnə ma,ʂin]
correio (m) de voz	telefonsvarer (m)	[tele'fʊn,svarər]
despertador (m)	vekkerklokka (m/f)	['vɛkər,klɔka]
contatos (m pl)	kontakter (m pl)	[kʊn'taktər]

mensagem (f) de texto	SMS-beskjed (m)	[ɛsɛm'ɛs bɛ,ʂɛ]
assinante (m)	abonnent (m)	[abɔ'nɛnt]

46. Estacionário

caneta (f)	kulepenn (m)	['kʉːlə,pɛn]
caneta (f) tinteiro	fyllepenn (m)	['fʏlə,pɛn]

lápis (m)	blyant (m)	['bly,ant]
marcador (m) de texto	merkepenn (m)	['mærkə,pɛn]
caneta (f) hidrográfica	tusjpenn (m)	['tʉʂ,pɛn]

bloco (m) de notas	notatbok (m/f)	[nʊ'tat,bʊk]
agenda (f)	dagbok (m/f)	['dag,bʊk]

régua (f)	linjal (m)	[li'njal]
calculadora (f)	regnemaskin (m)	['rɛjnə ma,ʂin]
borracha (f)	viskelær (n)	['viskə,lær]
alfinete (m)	tegnestift (m)	['tæjnə,stift]
clipe (m)	binders (m)	['bindɛʂ]

cola (f)	lim (n)	['lim]
grampeador (m)	stiftemaskin (m)	['stiftə ma,ʂin]
furador (m) de papel	hullemaskin (m)	['hʉlə ma,ʂin]
apontador (m)	blyantspisser (m)	['blyant,spisər]

47. Línguas estrangeiras

língua (f)	språk (n)	['sprɔk]
estrangeiro (adj)	fremmed-	['fremə-]
língua (f) estrangeira	fremmedspråk (n)	['fremed,sprɔk]
estudar (vt)	å studere	[ɔ stʉ'derə]
aprender (vt)	å lære	[ɔ 'lærə]

ler (vt)	å lese	[ɔ 'lesə]
falar (vi)	å tale	[ɔ 'talə]
entender (vt)	å forstå	[ɔ fɔ'ʂtɔ]
escrever (vt)	å skrive	[ɔ 'skrivə]

rapidamente	fort	['fʊːʈ]
devagar, lentamente	langsomt	['laŋsɔmt]
fluentemente	flytende	['flytnə]

regras (f pl)	regler (m pl)	['rɛglər]
gramática (f)	grammatikk (m)	[grama'tik]
vocabulário (m)	ordforråd (n)	['uːrfʊ,rɔd]
fonética (f)	fonetikk (m)	[fʊne'tik]

livro (m) didático	lærebok (m/f)	['lærə,bʊk]
dicionário (m)	ordbok (m/f)	['uːr,bʊk]
manual (m) autodidático	lærebok (m/f) for selvstudium	['lærə,bʊk fɔ 'sel,stʉdium]
guia (m) de conversação	parlør (m)	[pɑːˈ[ør]

fita (f) cassete	kassett (m)	[ka'sɛt]
videoteipe (m)	videokassett (m)	['videʉ ka'sɛt]
CD (m)	CD-rom (m)	['sɛdɛ,rʊm]
DVD (m)	DVD (m)	[deve'de]

alfabeto (m)	alfabet (n)	[alfa'bet]
soletrar (vt)	å stave	[ɔ 'stavə]
pronúncia (f)	uttale (m)	['ʉt,talə]

sotaque (m)	aksent (m)	[ak'saŋ]
com sotaque	med aksent	[me ak'saŋ]
sem sotaque	uten aksent	['ʉtən ak'saŋ]

palavra (f)	ord (n)	['uːr]
sentido (m)	betydning (m)	[be'tʏdniŋ]
curso (m)	kurs (n)	['kuʂ]
inscrever-se (vr)	å anmelde seg	[ɔ 'ɑnˌmɛlə sæj]
professor (m)	lærer (m)	['lærər]
tradução (processo)	oversettelse (m)	['ɔvəˌʂɛtəlsə]
tradução (texto)	oversettelse (m)	['ɔvəˌʂɛtəlsə]
tradutor (m)	oversetter (m)	['ɔvəˌʂɛtər]
intérprete (m)	tolk (m)	['tɔlk]
poliglota (m)	polyglott (m)	[puly'glɔt]
memória (f)	minne (n), hukommelse (m)	['minə], [hu'kɔməlsə]

REFEIÇÕES. RESTAURANTE

48. Por a mesa

colher (f)	skje (m)	['ʂe]
faca (f)	kniv (m)	['kniv]
garfo (m)	gaffel (m)	['gafəl]
xícara (f)	kopp (m)	['kɔp]
prato (m)	tallerken (m)	[tɑ'lærkən]
pires (m)	tefat (n)	['te,fɑt]
guardanapo (m)	serviett (m)	[sɛrvi'ɛt]
palito (m)	tannpirker (m)	['tɑn,pirkər]

49. Restaurante

restaurante (m)	restaurant (m)	[rɛstu'rɑŋ]
cafeteria (f)	kafé, kaffebar (m)	[kɑ'fe], ['kɑfə,bɑr]
bar (m), cervejaria (f)	bar (m)	['bɑr]
salão (m) de chá	tesalong (m)	['tesɑ,lɔŋ]
garçom (m)	servitør (m)	['særvi'tør]
garçonete (f)	servitrise (m/f)	[særvi'trisə]
barman (m)	bartender (m)	['bɑ:,tɛndər]
cardápio (m)	meny (m)	[me'ny]
lista (f) de vinhos	vinkart (n)	['vin,kɑ:t]
reservar uma mesa	å reservere bord	[ɔ resɛr'verə 'bur]
prato (m)	rett (m)	['rɛt]
pedir (vt)	å bestille	[ɔ be'stilə]
fazer o pedido	å bestille	[ɔ be'stilə]
aperitivo (m)	aperitiff (m)	[ɑperi'tif]
entrada (f)	forrett (m)	['forɛt]
sobremesa (f)	dessert (m)	[de'sɛ:r]
conta (f)	regning (m/f)	['rɛjniŋ]
pagar a conta	å betale regningen	[ɔ be'tɑlə 'rɛjniŋən]
dar o troco	å gi tilbake veksel	[ɔ ji til'bɑkə 'vɛksəl]
gorjeta (f)	driks (m)	['driks]

50. Refeições

comida (f)	mat (m)	['mɑt]
comer (vt)	å spise	[ɔ 'spisə]

café (m) da manhã	frokost (m)	['frʊkɔst]
tomar café da manhã	å spise frokost	[ɔ 'spisə ,frʊkɔst]
almoço (m)	lunsj, lunch (m)	['lʉnş]
almoçar (vi)	å spise lunsj	[ɔ 'spisə ,lʉnş]
jantar (m)	middag (m)	['mi,da]
jantar (vi)	å spise middag	[ɔ 'spisə 'mi,da]

| apetite (m) | appetitt (m) | [ape'tit] |
| Bom apetite! | God appetitt! | ['gʊ ape'tit] |

abrir (~ uma lata, etc.)	å åpne	[ɔ 'ɔpnə]
derramar (~ líquido)	å spille	[ɔ 'spilə]
derramar-se (vr)	å bli spilt	[ɔ 'bli 'spilt]

ferver (vi)	å koke	[ɔ 'kʊkə]
ferver (vt)	å koke	[ɔ 'kʊkə]
fervido (adj)	kokt	['kʊkt]
esfriar (vt)	å svalne	[ɔ 'svalnə]
esfriar-se (vr)	å avkjøles	[ɔ 'av,çœləs]

| sabor, gosto (m) | smak (m) | ['smak] |
| fim (m) de boca | bismak (m) | ['bismak] |

emagrecer (vi)	å være på diet	[ɔ 'værə pɔ di'et]
dieta (f)	diett (m)	[di'et]
vitamina (f)	vitamin (n)	[vita'min]
caloria (f)	kalori (m)	[kalʊ'ri]
vegetariano (m)	vegetarianer (m)	[vegetari'anər]
vegetariano (adj)	vegetarisk	[vege'tarisk]

gorduras (f pl)	fett (n)	['fɛt]
proteínas (f pl)	proteiner (n pl)	[prɔte'inər]
carboidratos (m pl)	kullhydrater (n pl)	['kʉlhy,dratər]
fatia (~ de limão, etc.)	skive (m/f)	['şivə]
pedaço (~ de bolo)	stykke (n)	['stvkə]
migalha (f), farelo (m)	smule (m)	['smʉlə]

51. Pratos cozinhados

prato (m)	rett (m)	['rɛt]
cozinha (~ portuguesa)	kjøkken (n)	['çœkən]
receita (f)	oppskrift (m)	['ɔp,skrift]
porção (f)	porsjon (m)	[pɔ'şʊn]

| salada (f) | salat (m) | [sa'lat] |
| sopa (f) | suppe (m/f) | ['sʉpə] |

caldo (m)	buljong (m)	[bu'ljɔŋ]
sanduíche (m)	smørbrød (n)	['smør,brø]
ovos (m pl) fritos	speilegg (n)	['spæjl,ɛg]

hambúrguer (m)	hamburger (m)	['hambʊrgər]
bife (m)	biff (m)	['bif]
acompanhamento (m)	tilbehør (n)	['tilbə,hør]

espaguete (m)	spagetti (m)	[spɑ'gɛti]
purê (m) de batata	potetmos (m)	[pʉ'tet,mʉs]
pizza (f)	pizza (m)	['pitsɑ]
mingau (m)	grøt (m)	['grøt]
omelete (f)	omelett (m)	[ɔmə'let]

fervido (adj)	kokt	['kʉkt]
defumado (adj)	røkt	['røkt]
frito (adj)	stekt	['stɛkt]
seco (adj)	tørket	['tœrkət]
congelado (adj)	frossen, dypfryst	['frɔsən], ['dyp,frʏst]
em conserva (adj)	syltet	['sʏltət]

doce (adj)	søt	['søt]
salgado (adj)	salt	['sɑlt]
frio (adj)	kald	['kɑl]
quente (adj)	het, varm	['het], ['vɑrm]
amargo (adj)	bitter	['bitər]
gostoso (adj)	lekker	['lekər]

cozinhar em água fervente	å koke	[ɔ 'kʉkə]
preparar (vt)	å lage	[ɔ 'lɑgə]
fritar (vt)	å steke	[ɔ 'stekə]
aquecer (vt)	å varme opp	[ɔ 'vɑrmə ɔp]

salgar (vt)	å salte	[ɔ 'sɑltə]
apimentar (vt)	å pepre	[ɔ 'pɛprə]
ralar (vt)	å rive	[ɔ 'rivə]
casca (f)	skall (n)	['skɑl]
descascar (vt)	å skrelle	[ɔ 'skrɛlə]

52. Comida

carne (f)	kjøtt (n)	['çœt]
galinha (f)	høne (m/f)	['hønə]
frango (m)	kylling (m)	['çyliŋ]
pato (m)	and (m/f)	['ɑn]
ganso (m)	gås (m/f)	['gɔs]
caça (f)	vilt (n)	['vilt]
peru (m)	kalkun (m)	[kɑl'kʉn]

carne (f) de porco	svinekjøtt (n)	['svinə,çœt]
carne (f) de vitela	kalvekjøtt (n)	['kɑlvə,çœt]
carne (f) de carneiro	fårekjøtt (n)	['fo:rə,çœt]
carne (f) de vaca	oksekjøtt (n)	['ɔksə,çœt]
carne (f) de coelho	kanin (m)	[kɑ'nin]

linguiça (f), salsichão (m)	pølse (m/f)	['pølsə]
salsicha (f)	wienerpølse (m/f)	['vinər,pølsə]
bacon (n)	bacon (m)	['bɛjkən]
presunto (m)	skinke (m)	['ʂinkə]
pernil (m) de porco	skinke (m)	['ʂinkə]
patê (m)	pate, paté (m)	[pɑ'te]
fígado (m)	lever (m)	['levər]

| guisado (m) | kjøttfarse (m) | ['çœt͡ˌfarʂə] |
| língua (f) | tunge (m/f) | ['tʉŋə] |

ovo (m)	egg (n)	['ɛg]
ovos (m pl)	egg (n pl)	['ɛg]
clara (f) de ovo	eggehvite (m)	['ɛgəˌvitə]
gema (f) de ovo	plomme (m/f)	['plʉmə]

peixe (m)	fisk (m)	['fisk]
mariscos (m pl)	sjømat (m)	['ʂøˌmɑt]
crustáceos (m pl)	krepsdyr (n pl)	['krɛpsˌdyr]
caviar (m)	kaviar (m)	['kɑviˌɑr]

caranguejo (m)	krabbe (m)	['krɑbə]
camarão (m)	reke (m/f)	['rekə]
ostra (f)	østers (m)	['østəʂ]
lagosta (f)	langust (m)	[lɑŋ'gʉst]
polvo (m)	blekksprut (m)	['blekˌsprʉt]
lula (f)	blekksprut (m)	['blekˌsprʉt]

esturjão (m)	stør (m)	['stør]
salmão (m)	laks (m)	['lɑks]
halibute (m)	kveite (m/f)	['kvæjtə]

bacalhau (m)	torsk (m)	['tɔʂk]
cavala, sarda (f)	makrell (m)	[mɑ'krɛl]
atum (m)	tunfisk (m)	['tʉnˌfisk]
enguia (f)	ål (m)	['ɔl]

truta (f)	ørret (m)	['øret]
sardinha (f)	sardin (m)	[sɑ:'din]
lúcio (m)	gjedde (m/f)	['jɛdə]
arenque (m)	sild (m/f)	['sil]

pão (m)	brød (n)	['brø]
queijo (m)	ost (m)	['ʊst]
açúcar (m)	sukker (n)	['sʉkər]
sal (m)	salt (n)	['sɑlt]

arroz (m)	ris (m)	['ris]
massas (f pl)	pasta, makaroni (m)	['pɑstɑ], [mɑkɑ'rʊni]
talharim, miojo (m)	nudler (m pl)	['nʉdlər]

manteiga (f)	smør (n)	['smør]
óleo (m) vegetal	vegetabilsk olje (m)	[vegetɑ'bilsk ˌɔljə]
óleo (m) de girassol	solsikkeolje (m)	['sʉlsikəˌɔljə]
margarina (f)	margarin (m)	[mɑrgɑ'rin]

| azeitonas (f pl) | olivener (m pl) | [ʊ'livenər] |
| azeite (m) | olivenolje (m) | [ʊ'livənˌɔljə] |

leite (m)	melk (m/f)	['mɛlk]
leite (m) condensado	kondensert melk (m/f)	[kʊndən'se:t ˌmɛlk]
iogurte (m)	jogurt (m)	['jɔgʉːt]
creme (m) azedo	rømme, syrnet fløte (m)	['rœmə], ['sy:ŋet 'fløtə]
creme (m) de leite	fløte (m)	['fløtə]

maionese (f)	majones (m)	[majɔ'nɛs]
creme (m)	krem (m)	['krɛm]

grãos (m pl) de cereais	gryn (n)	['gryn]
farinha (f)	mel (n)	['mel]
enlatados (m pl)	hermetikk (m)	[hɛrme'tik]

flocos (m pl) de milho	cornflakes (m)	['kɔːn̩flejks]
mel (m)	honning (m)	['hɔniŋ]
geleia (m)	syltetøy (n)	['syltə̩tøj]
chiclete (m)	tyggegummi (m)	['tygə̩gɵmi]

53. Bebidas

água (f)	vann (n)	['van]
água (f) potável	drikkevann (n)	['drikə̩van]
água (f) mineral	mineralvann (n)	[minə'ral̩van]

sem gás (adj)	uten kullsyre	['ɵtən kɵl'syrə]
gaseificada (adj)	kullsyret	[kɵl'syrət]
com gás	med kullsyre	[me kɵl'syrə]
gelo (m)	is (m)	['is]
com gelo	med is	[me 'is]

não alcoólico (adj)	alkoholfri	['alkɵhɵl̩fri]
refrigerante (m)	alkoholfri drikk (m)	['alkɵhɵl̩fri drik]
refresco (m)	leskedrikk (m)	['leskə̩drik]
limonada (f)	limonade (m)	[limɔ'nadə]

bebidas (f pl) alcoólicas	rusdrikker (m pl)	['rɵs̩drikər]
vinho (m)	vin (m)	['vin]
vinho (m) branco	hvitvin (m)	['vit̩vin]
vinho (m) tinto	rødvin (m)	['rø̩vin]

licor (m)	likør (m)	[li'kør]
champanhe (m)	champagne (m)	[ʂam'panjə]
vermute (m)	vermut (m)	['værmɵt]

uísque (m)	whisky (m)	['viski]
vodca (f)	vodka (m)	['vɔdka]
gim (m)	gin (m)	['dʒin]
conhaque (m)	konjakk (m)	['kɵnjak]
rum (m)	rom (m)	['rɵm]

café (m)	kaffe (m)	['kafə]
café (m) preto	svart kaffe (m)	['svaːʈ 'kafə]
café (m) com leite	kaffe (m) med melk	['kafə me 'mɛlk]
cappuccino (m)	cappuccino (m)	[kapʊ'ʧinɔ]
café (m) solúvel	pulverkaffe (m)	['pɵlvər̩kafə]

leite (m)	melk (m/f)	['mɛlk]
coquetel (m)	cocktail (m)	['kɔk̩tɛjl]
batida (f), milkshake (m)	milkshake (m)	['milk̩ʂɛjk]
suco (m)	jus, juice (m)	['dʒɵs]

suco (m) de tomate	tomatjuice (m)	[tʊ'mɑtˌdʒʉs]
suco (m) de laranja	appelsinjuice (m)	[ɑpel'sinˌdʒʉs]
suco (m) fresco	nypresset juice (m)	['nyˌprɛsə 'dʒʉs]

cerveja (f)	øl (m/n)	['øl]
cerveja (f) clara	lettøl (n)	['letˌøl]
cerveja (f) preta	mørkt øl (n)	['mœrktˌøl]

chá (m)	te (m)	['te]
chá (m) preto	svart te (m)	['svɑːʈ ˌte]
chá (m) verde	grønn te (m)	['grœn ˌte]

54. Vegetais

| vegetais (m pl) | grønnsaker (m pl) | ['grœnˌsɑkər] |
| verdura (f) | grønnsaker (m pl) | ['grœnˌsɑkər] |

tomate (m)	tomat (m)	[tʊ'mɑt]
pepino (m)	agurk (m)	[ɑ'gʉrk]
cenoura (f)	gulrot (m/f)	['gʉlˌrʊt]
batata (f)	potet (m/f)	[pʊ'tet]
cebola (f)	løk (m)	['løk]
alho (m)	hvitløk (m)	['vitˌløk]

| couve (f) | kål (m) | ['kɔl] |
| couve-flor (f) | blomkål (m) | ['blɔmˌkɔl] |

| couve-de-bruxelas (f) | rosenkål (m) | ['rʊsənˌkɔl] |
| brócolis (m pl) | brokkoli (m) | ['brɔkɔli] |

beterraba (f)	rødbete (m/f)	['røˌbetə]
berinjela (f)	aubergine (m)	[ɔbɛr'ʂin]
abobrinha (f)	squash (m)	['skvɔʂ]

| abóbora (f) | gresskar (n) | ['grɛskɑr] |
| nabo (m) | nepe (m/f) | ['nepə] |

salsa (f)	persille (m/f)	[pæ'ʂilə]
endro, aneto (m)	dill (m)	['dil]
alface (f)	salat (m)	[sɑ'lɑt]
aipo (m)	selleri (m/n)	[sɛleˌri]

| aspargo (m) | asparges (m) | [ɑ'spɑrʂəs] |
| espinafre (m) | spinat (m) | [spi'nɑt] |

| ervilha (f) | erter (m pl) | ['æːʈər] |
| feijão (~ soja, etc.) | bønner (m/f pl) | ['bœnər] |

| milho (m) | mais (m) | ['mɑis] |
| feijão (m) roxo | bønne (m/f) | ['bœnə] |

pimentão (m)	pepper (m)	['pɛpər]
rabanete (m)	reddik (m)	['rɛdik]
alcachofra (f)	artisjokk (m)	[ˌɑːʈi'ʂɔk]

55. Frutos. Nozes

fruta (f)	frukt (m/f)	['frʉkt]
maçã (f)	eple (n)	['ɛplə]
pera (f)	pære (m/f)	['pærə]
limão (m)	sitron (m)	[si'trʊn]
laranja (f)	appelsin (m)	[apel'sin]
morango (m)	jordbær (n)	['juːrˌbær]
tangerina (f)	mandarin (m)	[manda'rin]
ameixa (f)	plomme (m/f)	['plʊmə]
pêssego (m)	fersken (m)	['fæʂkən]
damasco (m)	aprikos (m)	[apri'kʊs]
framboesa (f)	bringebær (n)	['briŋəˌbær]
abacaxi (m)	ananas (m)	['ananas]
banana (f)	banan (m)	[ba'nan]
melancia (f)	vannmelon (m)	['vanmeˌlʊn]
uva (f)	drue (m)	['drʉə]
ginja (f)	kirsebær (n)	['çiʂəˌbær]
cereja (f)	morell (m)	[mʊ'rɛl]
melão (m)	melon (m)	[me'lun]
toranja (f)	grapefrukt (m/f)	['grɛjpˌfrʉkt]
abacate (m)	avokado (m)	[avɔ'kadɔ]
mamão (m)	papaya (m)	[pa'paja]
manga (f)	mango (m)	['maŋu]
romã (f)	granateple (n)	[gra'natˌɛplə]
groselha (f) vermelha	rips (m)	['rips]
groselha (f) negra	solbær (n)	['sʊlˌbær]
groselha (f) espinhosa	stikkelsbær (n)	['stikəlsˌbær]
mirtilo (m)	blåbær (n)	['blɔˌbær]
amora (f) silvestre	bjørnebær (m)	['bjœːŋəˌbær]
passa (f)	rosin (m)	[rʊ'sin]
figo (m)	fiken (m)	['fikən]
tâmara (f)	daddel (m)	['dadəl]
amendoim (m)	jordnøtt (m)	['juːrˌnœt]
amêndoa (f)	mandel (m)	['mandəl]
noz (f)	valnøtt (m/f)	['valˌnœt]
avelã (f)	hasselnøtt (m/f)	['hasəlˌnœt]
coco (m)	kokosnøtt (m/f)	['kʊkʊsˌnœt]
pistaches (m pl)	pistasier (m pl)	[pi'staʂiər]

56. Pão. Bolaria

pastelaria (f)	bakevarer (m/f pl)	['bakəˌvarər]
pão (m)	brød (n)	['brø]
biscoito (m), bolacha (f)	kjeks (m)	['çɛks]
chocolate (m)	sjokolade (m)	[ʂʊkʊ'ladə]
de chocolate	sjokolade-	[ʂʊkʊ'ladə-]

bala (f)	sukkertøy (n), karamell (m)	['sʉkə:tøj], [kara'mɛl]
doce (bolo pequeno)	kake (m/f)	['kakə]
bolo (m) de aniversário	bløtkake (m/f)	['bløt‚kakə]

| torta (f) | pai (m) | ['paj] |
| recheio (m) | fyll (m/n) | ['fʏl] |

geleia (m)	syltetøy (n)	['syltə‚tøj]
marmelada (f)	marmelade (m)	[marme'ladə]
wafers (m pl)	vaffel (m)	['vafəl]
sorvete (m)	iskrem (m)	['iskrɛm]
pudim (m)	pudding (m)	['pʉdiŋ]

57. Especiarias

sal (m)	salt (n)	['salt]
salgado (adj)	salt	['salt]
salgar (vt)	å salte	[ɔ 'saltə]

pimenta-do-reino (f)	svart pepper (m)	['sva:ʈ 'pɛpər]
pimenta (f) vermelha	rød pepper (m)	['rø 'pɛpər]
mostarda (f)	sennep (m)	['sɛnəp]
raiz-forte (f)	pepperrot (m/f)	['pɛpər‚rʊt]

condimento (m)	krydder (n)	['krʏdər]
especiaria (f)	krydder (n)	['krʏdər]
molho (~ inglês)	saus (m)	['saʉs]
vinagre (m)	eddik (m)	['ɛdik]

anis estrelado (m)	anis (m)	['anis]
manjericão (m)	basilik (m)	[basi'lik]
cravo (m)	nellik (m)	['nɛlik]
gengibre (m)	ingefær (m)	['iŋə‚fær]
coentro (m)	koriander (m)	[kʊri'andər]
canela (f)	kanel (m)	[ka'nel]

gergelim (m)	sesam (m)	['sesam]
folha (f) de louro	laurbærblad (n)	['laʉrbær‚bla]
páprica (f)	paprika (m)	['paprika]
cominho (m)	karve, kummin (m)	['karvə], ['kʉmin]
açafrão (m)	safran (m)	[sa'fran]

INFORMAÇÃO PESSOAL. FAMÍLIA

58. Informação pessoal. Formulários

nome (m)	navn (n)	['navn]
sobrenome (m)	etternavn (n)	['ɛtə,ŋavn]
data (f) de nascimento	fødselsdato (m)	['føtsəls,datʉ]
local (m) de nascimento	fødested (n)	['fødə,sted]
nacionalidade (f)	nasjonalitet (m)	[naʂʉnali'tet]
lugar (m) de residência	bosted (n)	['bʉ,sted]
país (m)	land (n)	['lan]
profissão (f)	yrke (n), profesjon (m)	['yrkə], [prʉfe'ʂʉn]
sexo (m)	kjønn (n)	['çœn]
estatura (f)	høyde (m)	['højdə]
peso (m)	vekt (m)	['vɛkt]

59. Membros da família. Parentes

mãe (f)	mor (m/f)	['mʉr]
pai (m)	far (m)	['far]
filho (m)	sønn (m)	['sœn]
filha (f)	datter (m/f)	['datər]
caçula (f)	yngste datter (m/f)	['yŋstə 'datər]
caçula (m)	yngste sønn (m)	['yŋstə 'sœn]
filha (f) mais velha	eldste datter (m/f)	['ɛlstə 'datər]
filho (m) mais velho	eldste sønn (m)	['ɛlstə 'sœn]
irmão (m)	bror (m)	['brʉr]
irmão (m) mais velho	eldre bror (m)	['ɛldrə ,brʉr]
irmão (m) mais novo	lillebror (m)	['lilə,brʉr]
irmã (f)	søster (m/f)	['søstər]
irmã (f) mais velha	eldre søster (m/f)	['ɛldrə ,søstər]
irmã (f) mais nova	lillesøster (m/f)	['lilə,søstər]
primo (m)	fetter (m/f)	['fɛtər]
prima (f)	kusine (m)	[kʉ'sinə]
mamãe (f)	mamma (m)	['mama]
papai (m)	pappa (m)	['papa]
pais (pl)	foreldre (pl)	[for'ɛldrə]
criança (f)	barn (n)	['ba:ɳ]
crianças (f pl)	barn (n pl)	['ba:ɳ]
avó (f)	bestemor (m)	['bɛstə,mʉr]
avô (m)	bestefar (m)	['bɛstə,far]
neto (m)	barnebarn (n)	['ba:ɳə,ba:ɳ]

neta (f)	barnebarn (n)	['bɑːŋə‚bɑːŋ]
netos (pl)	barnebarn (n pl)	['bɑːŋə‚bɑːŋ]

tio (m)	onkel (m)	['ʊnkəl]
tia (f)	tante (m/f)	['tɑntə]
sobrinho (m)	nevø (m)	[ne'vø]
sobrinha (f)	niese (m/f)	[ni'esə]

sogra (f)	svigermor (m/f)	['sviɡər‚mʊr]
sogro (m)	svigerfar (m)	['sviɡər‚fɑr]
genro (m)	svigersønn (m)	['sviɡər‚sœn]
madrasta (f)	stemor (m/f)	['ste‚mʊr]
padrasto (m)	stefar (m)	['ste‚fɑr]

criança (f) de colo	brystbarn (n)	['brʏst‚bɑːŋ]
bebê (m)	spedbarn (n)	['spe‚bɑːŋ]
menino (m)	lite barn (n)	['litə 'bɑːŋ]

mulher (f)	kone (m/f)	['kʊnə]
marido (m)	mann (m)	['mɑn]
esposo (m)	ektemann (m)	['ɛktə‚mɑn]
esposa (f)	hustru (m)	['hʉstrʉ]

casado (adj)	gift	['jift]
casada (adj)	gift	['jift]
solteiro (adj)	ugift	[ʉː'jift]
solteirão (m)	ungkar (m)	['ʉŋ‚kɑr]
divorciado (adj)	fraskilt	['frɑ‚ʂilt]
viúva (f)	enke (m)	['ɛnkə]
viúvo (m)	enkemann (m)	['ɛnkə‚mɑn]

parente (m)	slektning (m)	['ʂlektniŋ]
parente (m) próximo	nær slektning (m)	['nær 'slektniŋ]
parente (m) distante	fjern slektning (m)	['fjæːŋ 'slektniŋ]
parentes (m pl)	slektninger (m pl)	['ʂlektniŋər]

órfão (m), órfã (f)	foreldreløst barn (n)	[for'ɛldrələst ‚bɑːŋ]
tutor (m)	formynder (m)	['for‚mʏnər]
adotar (um filho)	å adoptere	[ɔ adɔp'terə]
adotar (uma filha)	å adoptere	[ɔ adɔp'terə]

60. Amigos. Colegas de trabalho

amigo (m)	venn (m)	['vɛn]
amiga (f)	venninne (m/f)	[vɛ'ninə]
amizade (f)	vennskap (n)	['vɛn‚skɑp]
ser amigos	å være venner	[ɔ 'værə 'vɛnər]

amigo (m)	venn (m)	['vɛn]
amiga (f)	venninne (m/f)	[vɛ'ninə]
parceiro (m)	partner (m)	['pɑːʈnər]

| chefe (m) | sjef (m) | ['ʂɛf] |
| superior (m) | overordnet (m) | ['ɔvər‚ɔrdnet] |

proprietário (m)	eier (m)	['æjər]
subordinado (m)	underordnet (m)	['ʉnərˌɔrdnet]
colega (m, f)	kollega (m)	[kʊ'legɑ]

conhecido (m)	bekjent (m)	[be'çɛnt]
companheiro (m) de viagem	medpassasjer (m)	['meˌpɑsɑ'ʂɛr]
colega (m) de classe	klassekamerat (m)	['klɑsəˌkɑmə'rɑːt]

vizinho (m)	nabo (m)	['nɑbʊ]
vizinha (f)	nabo (m)	['nɑbʊ]
vizinhos (pl)	naboer (m pl)	['nɑbʊər]

CORPO HUMANO. MEDICINA

61. Cabeça

cabeça (f)	hode (n)	['hʊdə]
rosto, cara (f)	ansikt (n)	['ansikt]
nariz (m)	nese (m/f)	['nese]
boca (f)	munn (m)	['mʉn]
olho (m)	øye (n)	['øjə]
olhos (m pl)	øyne (n pl)	['øjnə]
pupila (f)	pupill (m)	[pʉ'pil]
sobrancelha (f)	øyenbryn (n)	['øjən‚bryn]
cílio (f)	øyenvipp (m)	['øjən‚vip]
pálpebra (f)	øyelokk (m)	['øjə‚lɔk]
língua (f)	tunge (m/f)	['tʉŋə]
dente (m)	tann (m/f)	['tan]
lábios (m pl)	lepper (m/f pl)	['lepər]
maçãs (f pl) do rosto	kinnbein (n pl)	['çin‚bæjn]
gengiva (f)	tannkjøtt (n)	['tan‚çœt]
palato (m)	gane (m)	['ganə]
narinas (f pl)	nesebor (n pl)	['nesə‚bʊr]
queixo (m)	hake (m/f)	['hakə]
mandíbula (f)	kjeve (m)	['çɛvə]
bochecha (f)	kinn (n)	['çin]
testa (f)	panne (m/f)	['panə]
têmpora (f)	tinning (m)	['tiniŋ]
orelha (f)	øre (n)	['ørə]
costas (f pl) da cabeça	bakhode (n)	['bak‚hodə]
pescoço (m)	hals (m)	['hals]
garganta (f)	strupe, hals (m)	['strʉpə], ['hals]
cabelo (m)	hår (n pl)	['hɔr]
penteado (m)	frisyre (m)	[fri'syrə]
corte (m) de cabelo	hårfasong (m)	['hoːrfa‚sɔŋ]
peruca (f)	parykk (m)	[pa'rʏk]
bigode (m)	mustasje (m)	[mʉ'staʂə]
barba (f)	skjegg (n)	['ʂɛg]
ter (~ barba, etc.)	å ha	[ɔ 'ha]
trança (f)	flette (m/f)	['fletə]
suíças (f pl)	bakkenbarter (pl)	['bakən‚baːʈər]
ruivo (adj)	rødhåret	['rø‚hoːrət]
grisalho (adj)	grå	['grɔ]
careca (adj)	skallet	['skaɫət]
calva (f)	skallet flekk (m)	['skaɫət ‚flek]

rabo-de-cavalo (m)	hestehale (m)	['hɛstə,halə]
franja (f)	pannelugg (m)	['panə,lʉg]

62. Corpo humano

mão (f)	hånd (m/f)	['hɔn]
braço (m)	arm (m)	['arm]

dedo (m)	finger (m)	['fiŋər]
dedo (m) do pé	tå (m/f)	['tɔ]
polegar (m)	tommel (m)	['tɔməl]
dedo (m) mindinho	lillefinger (m)	['lilə,fiŋər]
unha (f)	negl (m)	['nɛjl]

punho (m)	knyttneve (m)	['knʏt,nevə]
palma (f)	håndflate (m/f)	['hɔn,flatə]
pulso (m)	håndledd (n)	['hɔn,led]
antebraço (m)	underarm (m)	['ʉnər,arm]
cotovelo (m)	albue (m)	['al,bʉə]
ombro (m)	skulder (m)	['skʉldər]

perna (f)	bein (n)	['bæjn]
pé (m)	fot (m)	['fʊt]
joelho (m)	kne (n)	['knɛ]
panturrilha (f)	legg (m)	['leg]
quadril (m)	hofte (m)	['hɔftə]
calcanhar (m)	hæl (m)	['hæl]

corpo (m)	kropp (m)	['krɔp]
barriga (f), ventre (m)	mage (m)	['magə]
peito (m)	bryst (n)	['brʏst]
seio (m)	bryst (n)	['brʏst]
lado (m)	side (m/f)	['sidə]
costas (dorso)	rygg (m)	['rʏg]
região (f) lombar	korsrygg (m)	['kɔːʂ,rʏg]
cintura (f)	liv (n), midje (m/f)	['liv], ['midjə]

umbigo (m)	navle (m)	['navlə]
nádegas (f pl)	rumpeballer (m pl)	['rʉmpə,balər]
traseiro (m)	bak (m)	['bak]

sinal (m), pinta (f)	føflekk (m)	['fø,flek]
sinal (m) de nascença	fødselsmerke (n)	['føtsəls,mærke]
tatuagem (f)	tatovering (m/f)	[tatʉ'vɛriŋ]
cicatriz (f)	arr (n)	['ar]

63. Doenças

doença (f)	sykdom (m)	['sʏk,dɔm]
estar doente	å være syk	[ɔ 'værə 'syk]
saúde (f)	helse (m/f)	['hɛlsə]
nariz (m) escorrendo	snue (m)	['snʉə]

amigdalite (f)	angina (m)	[an'gina]
resfriado (m)	forkjølelse (m)	[fɔr'çœləlsə]
ficar resfriado	å forkjøle seg	[ɔ fɔr'çœlə sæj]

bronquite (f)	bronkitt (m)	[brɔn'kit]
pneumonia (f)	lungebetennelse (m)	['lʉŋə be'tɛnəlsə]
gripe (f)	influensa (m)	[inflʉ'ɛnsa]

míope (adj)	nærsynt	['næˌsʏnt]
presbita (adj)	langsynt	['laŋsʏnt]
estrabismo (m)	skjeløydhet (m)	['ʂɛløjdˌhet]
estrábico, vesgo (adj)	skjeløyd	['ʂɛlˌøjd]
catarata (f)	grå stær, katarakt (m)	['grɔ ˌstær], [kata'rakt]
glaucoma (m)	glaukom (n)	[glaʉ'kɔm]

AVC (m), apoplexia (f)	hjerneslag (n)	['jæːŋəˌslag]
ataque (m) cardíaco	infarkt (n)	[in'farkt]
enfarte (m) do miocárdio	myokardieinfarkt (n)	['miɔ'kardiə in'farkt]
paralisia (f)	paralyse, lammelse (m)	['para'lyse], ['laməlsə]
paralisar (vt)	å lamme	[ɔ 'lamə]

alergia (f)	allergi (m)	[alæː'gi]
asma (f)	astma (m)	['astma]
diabetes (f)	diabetes (m)	[dia'betəs]

dor (f) de dente	tannpine (m/f)	['tanˌpinə]
cárie (f)	karies (m)	['karies]

diarreia (f)	diaré (m)	[dia'rɛ]
prisão (f) de ventre	forstoppelse (m)	[fɔ'ʂtɔpəlsə]
desarranjo (m) intestinal	magebesvær (m)	['magəˌbe'svær]
intoxicação (f) alimentar	matforgiftning (m/f)	['matˌfɔr'jiftniŋ]
intoxicar-se	å få matforgiftning	[ɔ 'fɔ matˌfɔr'jiftniŋ]

artrite (f)	artritt (m)	[aː'ʈrit]
raquitismo (m)	rakitt (m)	[ra'kit]
reumatismo (m)	revmatisme (m)	[revma'tismə]
arteriosclerose (f)	arteriosklerose (m)	[aː'ʈeriʉskleˌrʉsə]

gastrite (f)	magekatarr, gastritt (m)	['magəkaˌtar], [ˌga'strit]
apendicite (f)	appendisitt (m)	[apɛndi'sit]
colecistite (f)	galleblærebetennelse (m)	['galəˌblærə be'tɛnəlsə]
úlcera (f)	magesår (n)	['magəˌsɔr]

sarampo (m)	meslinger (m pl)	['mɛsˌliŋər]
rubéola (f)	røde hunder (m pl)	['rødə 'hʉnər]
icterícia (f)	gulsott (m/f)	['gʉlˌsʊt]
hepatite (f)	hepatitt (m)	[hepa'tit]

esquizofrenia (f)	schizofreni (m)	[ʂisʉfre'ni]
raiva (f)	rabies (m)	['rabiəs]
neurose (f)	nevrose (m)	[nev'rʉsə]
contusão (f) cerebral	hjernerystelse (m)	['jæːŋəˌrʏstəlsə]

câncer (m)	kreft, cancer (m)	['krɛft], ['kansər]
esclerose (f)	sklerose (m)	[skle'rʉsə]

esclerose (f) múltipla	multippel sklerose (m)	[mʉl'tipəl skle'rʉsə]
alcoolismo (m)	alkoholisme (m)	[alkʉhʉ'lismə]
alcoólico (m)	alkoholiker (m)	[alkʉ'hʉlikər]
sífilis (f)	syfilis (m)	['syfilis]
AIDS (f)	AIDS, aids (m)	['ɛjds]

tumor (m)	svulst, tumor (m)	['svʉlst], [tʉ'mʉr]
maligno (adj)	ondartet, malign	['ʉn‚ɑːʈət], [ma'lign]
benigno (adj)	godartet	['gʉ‚ɑːʈət]

febre (f)	feber (m)	['febər]
malária (f)	malaria (m)	[ma'lɑria]
gangrena (f)	koldbrann (m)	['kɔlbran]
enjoo (m)	sjøsyke (m)	['ʂøˌsykə]
epilepsia (f)	epilepsi (m)	[ɛpilep'si]

epidemia (f)	epidemi (m)	[ɛpide'mi]
tifo (m)	tyfus (m)	['tyfʉs]
tuberculose (f)	tuberkulose (m)	[tubærkʉ'lɔsə]
cólera (f)	kolera (m)	['kʉlera]
peste (f) bubônica	pest (m)	['pɛst]

64. Sintomas. Tratamentos. Parte 1

sintoma (m)	symptom (n)	[sʏmp'tʉm]
temperatura (f)	temperatur (m)	[tɛmpəra'tʉr]
febre (f)	høy temperatur (m)	['høj tɛmpəra'tʉr]
pulso (m)	puls (m)	['pʉls]

vertigem (f)	svimmelhet (m)	['sviməlˌhet]
quente (testa, etc.)	varm	['vɑrm]
calafrio (m)	skjelving (m/f)	['ʂɛlviŋ]
pálido (adj)	blek	['blek]

tosse (f)	hoste (m)	['hʉstə]
tossir (vi)	å hoste	[ɔ 'hʉstə]
espirrar (vi)	å nyse	[ɔ 'nysə]
desmaio (m)	besvimelse (m)	[bɛ'sviməlsə]
desmaiar (vi)	å besvime	[ɔ be'svimə]

mancha (f) preta	blåmerke (n)	['blɔˌmærkə]
galo (m)	bule (m)	['bʉlə]
machucar-se (vr)	å slå seg	[ɔ 'ʂlɔ sæj]
contusão (f)	blåmerke (n)	['blɔˌmærkə]
machucar-se (vr)	å slå seg	[ɔ 'ʂlɔ sæj]

mancar (vi)	å halte	[ɔ 'haltə]
deslocamento (f)	forvridning (m)	[fɔr'vridniŋ]
deslocar (vt)	å forvri	[ɔ fɔr'vri]
fratura (f)	brudd (n), fraktur (m)	['brʉd], [frak'tʉr]
fraturar (vt)	å få brudd	[ɔ 'fɔ 'brʉd]

| corte (m) | skjæresår (n) | ['ʂæːrəˌsɔr] |
| cortar-se (vr) | å skjære seg | [ɔ 'ʂæːrə sæj] |

hemorragia (f)	blødning (m/f)	['blødniŋ]
queimadura (f)	brannsår (n)	['brɑn‚sɔr]
queimar-se (vr)	å brenne seg	[ɔ 'brɛnə sæj]

picar (vt)	å stikke	[ɔ 'stikə]
picar-se (vr)	å stikke seg	[ɔ 'stikə sæj]
lesionar (vt)	å skade	[ɔ 'skɑdə]
lesão (m)	skade (n)	['skɑdə]
ferida (f), ferimento (m)	sår (n)	['sɔr]
trauma (m)	traume (m)	['trɑʊmə]

delirar (vi)	å snakke i villelse	[ɔ 'snɑkə i 'viləlsə]
gaguejar (vi)	å stamme	[ɔ 'stɑmə]
insolação (f)	solstikk (n)	['sʊl‚stik]

65. Sintomas. Tratamentos. Parte 2

dor (f)	smerte (m)	['smæː‚tə]
farpa (no dedo, etc.)	flis (m/f)	['flis]

suor (m)	svette (m)	['svɛtə]
suar (vi)	å svette	[ɔ 'svɛtə]
vômito (m)	oppkast (n)	['ɔp‚kɑst]
convulsões (f pl)	kramper (m pl)	['krɑmpər]

grávida (adj)	gravid	[grɑ'vid]
nascer (vi)	å fødes	[ɔ 'fødə]
parto (m)	fødsel (m)	['føtsəl]
dar à luz	å føde	[ɔ 'fødə]
aborto (m)	abort (m)	[ɑ'bɔːt]

respiração (f)	åndedrett (n)	['ɔŋdə‚drɛt]
inspiração (f)	innånding (m/f)	['in‚ɔniŋ]
expiração (f)	utånding (m/f)	['ʉt‚ɔndiŋ]
expirar (vi)	å puste ut	[ɔ 'pʉstə ʉt]
inspirar (vi)	å ånde inn	[ɔ 'ɔŋdə ‚in]

inválido (m)	handikappet person (m)	['hɑndi‚kɑpət pæ'ʂʉn]
aleijado (m)	krøpling (m)	['krøpliŋ]
drogado (m)	narkoman (m)	[nɑrkʊ'mɑn]

surdo (adj)	døv	['døv]
mudo (adj)	stum	['stʉm]
surdo-mudo (adj)	døvstum	['døf‚stʉm]

louco, insano (adj)	gal	['gɑl]
louco (m)	gal mann (m)	['gɑl ‚mɑn]
louca (f)	gal kvinne (m/f)	['gɑl ‚kvinə]
ficar louco	å bli sinnssyk	[ɔ 'bli 'sin‚syk]

gene (m)	gen (m)	['gen]
imunidade (f)	immunitet (m)	[imʉni'tet]
hereditário (adj)	arvelig	['ɑrvəli]
congênito (adj)	medfødt	['meː‚føt]

vírus (m)	virus (m)	['virʉs]
micróbio (m)	mikrobe (m)	[mi'krʉbə]
bactéria (f)	bakterie (m)	[bɑk'teriə]
infecção (f)	infeksjon (m)	[infɛk'ʂʉn]

66. Sintomas. Tratamentos. Parte 3

hospital (m)	sykehus (n)	['sykə‚hʉs]
paciente (m)	pasient (m)	[pɑsi'ɛnt]
diagnóstico (m)	diagnose (m)	[diɑ'gnʉsə]
cura (f)	kur (m)	['kʉr]
tratamento (m) médico	behandling (m/f)	[be'hɑndliŋ]
curar-se (vr)	å bli behandlet	[ɔ 'bli be'hɑndlət]
tratar (vt)	å behandle	[ɔ be'hɑndlə]
cuidar (pessoa)	å skjøtte	[ɔ 'ʂøtə]
cuidado (m)	sykepleie (m/f)	['sykə‚plæjə]
operação (f)	operasjon (m)	[ɔpərɑ'ʂʉn]
enfaixar (vt)	å forbinde	[ɔ fɔr'binə]
enfaixamento (m)	forbinding (m)	[fɔr'biniŋ]
vacinação (f)	vaksinering (m/f)	[vɑksi'neriŋ]
vacinar (vt)	å vaksinere	[ɔ vɑksi'nerə]
injeção (f)	injeksjon (m), sprøyte (m/f)	[injɛk'ʂʉn], ['sprøjtə]
dar uma injeção	å gi en sprøyte	[ɔ 'ji en 'sprøjtə]
ataque (~ de asma, etc.)	anfall (n)	['ɑn‚fɑl]
amputação (f)	amputasjon (m)	[ɑmpʉtɑ'ʂʉn]
amputar (vt)	å amputere	[ɔ ɑmpʉ'terə]
coma (f)	koma (m)	['kʉmɑ]
estar em coma	å ligge i koma	[ɔ 'ligə i 'kʉmɑ]
reanimação (f)	intensivavdeling (m/f)	['inten‚siv 'ɑv‚deliŋ]
recuperar-se (vr)	å bli frisk	[ɔ 'bli 'frisk]
estado (~ de saúde)	tilstand (m)	['til‚stɑn]
consciência (perder a ~)	bevissthet (m)	[be'vist‚het]
memória (f)	minne (n), hukommelse (m)	['minə], [hʉ'kɔməlsə]
tirar (vt)	å trekke ut	[ɔ 'trɛkə ʉt]
obturação (f)	fylling (m/f)	['fyliŋ]
obturar (vt)	å plombere	[ɔ plʉm'berə]
hipnose (f)	hypnose (m)	[hyp'nʉsə]
hipnotizar (vt)	å hypnotisere	[ɔ hypnʉti'serə]

67. Medicina. Drogas. Acessórios

medicamento (m)	medisin (m)	[medi'sin]
remédio (m)	middel (n)	['midəl]
receitar (vt)	å ordinere	[ɔ ɔrdi'nerə]
receita (f)	resept (m)	[re'sɛpt]

comprimido (m)	tablett (m)	[tab'let]
unguento (m)	salve (m/f)	['salvə]
ampola (f)	ampulle (m)	[am'pɵlə]
solução, preparado (m)	mikstur (m)	[miks'tɵr]
xarope (m)	sirup (m)	['sirɵp]
cápsula (f)	pille (m/f)	['pilə]
pó (m)	pulver (n)	['pɵlvər]

atadura (f)	gasbind (n)	['gas͵bin]
algodão (m)	vatt (m/n)	['vat]
iodo (m)	jod (m/n)	['ɵd]

curativo (m) adesivo	plaster (n)	['plastər]
conta-gotas (m)	pipette (m)	[pi'pɛtə]
termômetro (m)	termometer (n)	[tɛrmʊ'metər]
seringa (f)	sprøyte (m/f)	['sprøjtə]

cadeira (f) de rodas	rullestol (m)	['rɵlə͵stʊl]
muletas (f pl)	krykker (m/f pl)	['krʏkər]

analgésico (m)	smertestillende middel (n)	['smæ:tə͵stilenə 'midəl]
laxante (m)	laksativ (n)	[laksa'tiv]
álcool (m)	sprit (m)	['sprit]
ervas (f pl) medicinais	legeurter (m/f pl)	['legə͵ɵ:tər]
de ervas (chá ~)	urte-	['ɵ:tə-]

APARTAMENTO

68. Apartamento

apartamento (m)	leilighet (m/f)	['læjliˌhet]
quarto, cômodo (m)	rom (n)	['rʊm]
quarto (m) de dormir	soverom (n)	['sɔvəˌrʊm]
sala (f) de jantar	spisestue (m/f)	['spisəˌstʉə]
sala (f) de estar	dagligstue (m/f)	['dagliˌstʉə]
escritório (m)	arbeidsrom (n)	['arbæjdsˌrʊm]
sala (f) de entrada	entré (m)	[an'trɛ:]
banheiro (m)	bad, baderom (n)	['bad], ['badəˌrʊm]
lavabo (m)	toalett, WC (n)	[tʊa'let], [vɛ'sɛ]
teto (m)	tak (n)	['tak]
chão, piso (m)	gulv (n)	['gʉlv]
canto (m)	hjørne (n)	['jœ:ŋə]

69. Mobiliário. Interior

mobiliário (m)	møbler (n pl)	['møblər]
mesa (f)	bord (n)	['bʊr]
cadeira (f)	stol (m)	['stʊl]
cama (f)	seng (m/f)	['sɛŋ]
sofá, divã (m)	sofa (m)	['sʊfa]
poltrona (f)	lenestol (m)	['lenəˌstʊl]
estante (f)	bokskap (n)	['bʉkˌskap]
prateleira (f)	hylle (m/f)	['hʏlə]
guarda-roupas (m)	klesskap (n)	['kleˌskap]
cabide (m) de parede	knaggbrett (n)	['knagˌbrɛt]
cabideiro (m) de pé	stumtjener (m)	['stʉmˌtjenər]
cômoda (f)	kommode (m)	[kʉ'mʊdə]
mesinha (f) de centro	kaffebord (n)	['kafəˌbʊr]
espelho (m)	speil (n)	['spæjl]
tapete (m)	teppe (n)	['tɛpə]
tapete (m) pequeno	lite teppe (n)	['litə 'tɛpə]
lareira (f)	peis (m), ildsted (n)	['pæjs], ['ilsted]
vela (f)	lys (n)	['lys]
castiçal (m)	lysestake (m)	['lysəˌstakə]
cortinas (f pl)	gardiner (m/f pl)	[ga:'dinər]
papel (m) de parede	tapet (n)	[ta'pet]

persianas (f pl)	persienne (m)	[pæşi'enə]
luminária (f) de mesa	bordlampe (m/f)	['bʊr,lampə]
luminária (f) de parede	vegglampe (m/f)	['vɛg,lampə]
abajur (m) de pé	gulvlampe (m/f)	['gʉlv,lampə]
lustre (m)	lysekrone (m/f)	['lysə,krʊnə]

pé (de mesa, etc.)	bein (n)	['bæjn]
braço, descanso (m)	armlene (n)	['arm,lenə]
costas (f pl)	rygg (m)	['rʏg]
gaveta (f)	skuff (m)	['skʉf]

70. Quarto de dormir

roupa (f) de cama	sengetøy (n)	['sɛŋə,tøj]
travesseiro (m)	pute (m/f)	['pʉtə]
fronha (f)	putevar, putetrekk (n)	['pʉtə,var], ['pʉtə,trɛk]
cobertor (m)	dyne (m/f)	['dynə]
lençol (m)	laken (n)	['lakən]
colcha (f)	sengeteppe (n)	['sɛŋə,tɛpə]

71. Cozinha

cozinha (f)	kjøkken (n)	['çœkən]
gás (m)	gass (m)	['gas]
fogão (m) a gás	gasskomfyr (m)	['gas kɔm,fyr]
fogão (m) elétrico	elektrisk komfyr (m)	[ɛ'lektrisk kɔm,fyr]
forno (m)	bakeovn (m)	['bakə,ɔvn]
forno (m) de micro-ondas	mikrobølgeovn (m)	['mikrʊ,bølgə'ɔvn]

geladeira (f)	kjøleskap (n)	['çœlə,skap]
congelador (m)	fryser (m)	['frysər]
máquina (f) de lavar louça	oppvaskmaskin (m)	['ɔpvask ma,şin]

moedor (m) de carne	kjøttkvern (m/f)	['çœt,kvɛːŋ]
espremedor (m)	juicepresse (m/f)	['dʒʉs,prɛsə]
torradeira (f)	brødrister (m)	['brø,ristər]
batedeira (f)	mikser (m)	['miksər]

máquina (f) de café	kaffetrakter (m)	['kafə,traktər]
cafeteira (f)	kaffekanne (m/f)	['kafə,kanə]
moedor (m) de café	kaffekvern (m/f)	['kafə,kvɛːŋ]

chaleira (f)	tekjele (m)	['te,çelə]
bule (m)	tekanne (m/f)	['te,kanə]
tampa (f)	lokk (n)	['lɔk]
coador (m) de chá	tesil (m)	['te,sil]

colher (f)	skje (m)	['şe]
colher (f) de chá	teskje (m)	['te,şe]
colher (f) de sopa	spiseskje (m)	['spisə,şɛ]
garfo (m)	gaffel (m)	['gafəl]
faca (f)	kniv (m)	['kniv]

louça (f)	servise (n)	[sær'visə]
prato (m)	tallerken (m)	[ta'lærkən]
pires (m)	tefat (n)	['te̩fat]

cálice (m)	shotglass (n)	['ʂɔt̩glas]
copo (m)	glass (n)	['glas]
xícara (f)	kopp (m)	['kɔp]

açucareiro (m)	sukkerskål (m/f)	['sʉkər̩skɔl]
saleiro (m)	saltbøsse (m/f)	['salt̩bøsə]
pimenteiro (m)	pepperbøsse (m/f)	['pɛpər̩bøsə]
manteigueira (f)	smørkopp (m)	['smœr̩kɔp]

panela (f)	gryte (m/f)	['grytə]
frigideira (f)	steikepanne (m/f)	['stæjkə̩panə]
concha (f)	sleiv (m/f)	['ʂlæjv]
coador (m)	dørslag (n)	['dœʂlag]
bandeja (f)	brett (n)	['brɛt]

garrafa (f)	flaske (m)	['flaskə]
pote (m) de vidro	glasskrukke (m/f)	['glas̩krʉkə]
lata (~ de cerveja)	boks (m)	['bɔks]

abridor (m) de garrafa	flaskeåpner (m)	['flaskə̩ɔpnər]
abridor (m) de latas	konservåpner (m)	['kʉnsəv̩ɔpnər]
saca-rolhas (m)	korketrekker (m)	['kɔrkə̩trɛkər]
filtro (n)	filter (n)	['filtər]
filtrar (vt)	å filtrere	[ɔ fil'trerə]

| lixo (m) | søppel (m/f/n) | ['sœpəl] |
| lixeira (f) | søppelbøtte (m/f) | ['sœpəl̩bœtə] |

72. Casa de banho

banheiro (m)	bad, baderom (n)	['bad], ['badə̩rʉm]
água (f)	vann (n)	['van]
torneira (f)	kran (m/f)	['kran]
água (f) quente	varmt vann (n)	['varmt ̩van]
água (f) fria	kaldt vann (n)	['kalt van]

pasta (f) de dente	tannpasta (m)	['tan̩pasta]
escovar os dentes	å pusse tennene	[ɔ 'pʉsə 'tɛnənə]
escova (f) de dente	tannbørste (m)	['tan̩bœʂtə]

barbear-se (vr)	å barbere seg	[ɔ bar'berə sæj]
espuma (f) de barbear	barberskum (n)	[bar'bɛ̩skʉm]
gilete (f)	høvel (m)	['høvəl]

lavar (vt)	å vaske	[ɔ 'vaskə]
tomar banho	å vaske seg	[ɔ 'vaskə sæj]
chuveiro (m), ducha (f)	dusj (m)	['dʉʂ]
tomar uma ducha	å ta en dusj	[ɔ 'ta en 'dʉʂ]
banheira (f)	badekar (n)	['badə̩kar]
vaso (m) sanitário	toalettstol (m)	[tʉa'let̩stʉl]

pia (f)	vaskeservant (m)	['vaskə,sɛr'vant]
sabonete (m)	såpe (m/f)	['so:pə]
saboneteira (f)	såpeskål (m/f)	['so:pə,skɔl]

esponja (f)	svamp (m)	['svamp]
xampu (m)	sjampo (m)	['ʂam,pʉ]
toalha (f)	håndkle (n)	['hɔn,kle]
roupão (m) de banho	badekåpe (m/f)	['badə,ko:pə]

lavagem (f)	vask (m)	['vask]
lavadora (f) de roupas	vaskemaskin (m)	['vaskə ma,ʂin]
lavar a roupa	å vaske tøy	[ɔ 'vaskə 'tøj]
detergente (m)	vaskepulver (n)	['vaskə,pʉlvər]

73. Eletrodomésticos

televisor (m)	TV (m), TV-apparat (n)	['tɛvɛ], ['tɛvɛ apɑ'rat]
gravador (m)	båndopptaker (m)	['bɔn,ɔptakər]
videogravador (m)	video (m)	['vidɛʉ]
rádio (m)	radio (m)	['radiʉ]
leitor (m)	spiller (m)	['spilər]

projetor (m)	videoprojektor (m)	['vidɛʉ prɔ'jɛktɔr]
cinema (m) em casa	hjemmekino (m)	['jɛmə,çinʉ]
DVD Player (m)	DVD-spiller (m)	[deve'de ,spilər]
amplificador (m)	forsterker (m)	[fɔ'ʂtærkər]
console (f) de jogos	spillkonsoll (m)	['spil kʉn'sɔl]

câmera (f) de vídeo	videokamera (n)	['vidɛʉ ,kamera]
máquina (f) fotográfica	kamera (n)	['kamera]
câmera (f) digital	digitalkamera (n)	[digi'tal ,kamera]

aspirador (m)	støvsuger (m)	['støf,sʉgər]
ferro (m) de passar	strykejern (n)	['strykə,jæː,ɳ]
tábua (f) de passar	strykebrett (n)	['strykə,brɛt]

telefone (m)	telefon (m)	[tele'fʉn]
celular (m)	mobiltelefon (m)	[mʉ'bil tele'fʉn]
máquina (f) de escrever	skrivemaskin (m)	['skrivə ma,ʂin]
máquina (f) de costura	symaskin (m)	['siːma,ʂin]

microfone (m)	mikrofon (m)	[mikrʉ'fʉn]
fone (m) de ouvido	hodetelefoner (n pl)	['hɔdetelə,fʉnər]
controle remoto (m)	fjernkontroll (m)	['fjæː,ɳ kʉn'trɔl]

CD (m)	CD-rom (m)	['sɛdɛ,rʊm]
fita (f) cassete	kassett (m)	[ka'sɛt]
disco (m) de vinil	plate, skive (m/f)	['platə], ['ʂivə]

A TERRA. TEMPO

74. Espaço sideral

espaço, cosmo (m)	rommet, kosmos (n)	['rʊmə], ['kɔsmɔs]
espacial, cósmico (adj)	rom-	['rʊm-]
espaço (m) cósmico	ytre rom (n)	['ytrə ˌrʊm]
mundo (m)	verden (m)	['værdən]
universo (m)	univers (n)	[ʉni'væʂ]
galáxia (f)	galakse (m)	[gɑ'lɑksə]
estrela (f)	stjerne (m/f)	['stjæ:ŋə]
constelação (f)	stjernebilde (n)	['stjæ:ŋəˌbildə]
planeta (m)	planet (m)	[plɑ'net]
satélite (m)	satellitt (m)	[sɑtɛ'lit]
meteorito (m)	meteoritt (m)	[meteʉ'rit]
cometa (m)	komet (m)	[kʊ'met]
asteroide (m)	asteroide (n)	[ɑsterʉ'idə]
órbita (f)	bane (m)	['bɑnə]
girar (vi)	å rotere	[ɔ rɔ'terə]
atmosfera (f)	atmosfære (m)	[ɑtmʊ'sfærə]
Sol (m)	Solen	['sʊlən]
Sistema (m) Solar	solsystem (n)	['sʊl sʏ'stem]
eclipse (m) solar	solformørkelse (m)	['sʊl fɔr'mœrkəlsə]
Terra (f)	Jorden	['ju:rən]
Lua (f)	Månen	['mo:nən]
Marte (m)	Mars	['mɑʂ]
Vênus (f)	Venus	['venʉs]
Júpiter (m)	Jupiter	['jʉpitər]
Saturno (m)	Saturn	['sɑˌtʉ:n]
Mercúrio (m)	Merkur	[mær'kʉr]
Urano (m)	Uranus	[ʉ'rɑnʉs]
Netuno (m)	Neptun	[nɛp'tʉn]
Plutão (m)	Pluto	['plʉtʊ]
Via Láctea (f)	Melkeveien	['mɛlkəˌvæjən]
Ursa Maior (f)	den Store Bjørn	['dən 'stʉrə ˌbjœ:ŋ]
Estrela Polar (f)	Nordstjernen, Polaris	['nʊ:rˌstjæ:ŋən], [pɔ'lɑris]
marciano (m)	marsbeboer (m)	['mɑʂˌbebʊər]
extraterrestre (m)	utenomjordisk vesen (n)	['ʉtənɔmˌju:rdisk 'vesən]
alienígena (m)	romvesen (n)	['rʊmˌvesən]

disco (m) voador	flygende tallerken (m)	['flygenə ta'lærkən]
espaçonave (f)	romskip (n)	['rʊm‚ʂip]
estação (f) orbital	romstasjon (m)	['rʊm‚sta'ʂʊn]
lançamento (m)	start (m), oppskyting (m/f)	['stɑ:t̩], ['ɔp‚ʂytiŋ]
motor (m)	motor (m)	['mɔtʊr]
bocal (m)	dyse (m)	['dysə]
combustível (m)	brensel (n), drivstoff (n)	['brɛnsəl], ['drif‚stɔf]
cabine (f)	cockpit (m), flydekk (n)	['kɔkpit], ['fly‚dɛk]
antena (f)	antenne (m)	[an'tɛnə]
vigia (f)	koøye (n)	['kʊ‚øjə]
bateria (f) solar	solbatteri (n)	['sʊl batɛ'ri]
traje (m) espacial	romdrakt (m/f)	['rʊm‚drɑkt]
imponderabilidade (f)	vektløshet (m/f)	['vɛktløs‚het]
oxigênio (m)	oksygen (n)	['ɔksy'gen]
acoplagem (f)	dokking (m/f)	['dɔkiŋ]
fazer uma acoplagem	å dokke	[ɔ 'dɔkə]
observatório (m)	observatorium (n)	[ɔbsərva'tʊrium]
telescópio (m)	teleskop (n)	[tele'skʊp]
observar (vt)	å observere	[ɔ ɔbsɛr'verə]
explorar (vt)	å utforske	[ɔ 'ʉt‚fɔʂkə]

75. A Terra

Terra (f)	Jorden	['ju:rən]
globo terrestre (Terra)	jordklode (m)	['ju:r‚klɔdə]
planeta (m)	planet (m)	[pla'net]
atmosfera (f)	atmosfære (m)	[atmʊ'sfærə]
geografia (f)	geografi (m)	[geʊgra'fi]
natureza (f)	natur (m)	[na'tʉr]
globo (mapa esférico)	globus (m)	['glɔbʉs]
mapa (m)	kart (n)	['kɑ:t̩]
atlas (m)	atlas (n)	['atlɑs]
Europa (f)	Europa	[ɛʉ'rʊpa]
Ásia (f)	Asia	['ɑsia]
África (f)	Afrika	['ɑfrika]
Austrália (f)	Australia	[aʉ'stralia]
América (f)	Amerika	[a'merika]
América (f) do Norte	Nord-Amerika	['nʊ:r a'merika]
América (f) do Sul	Sør-Amerika	['sør a'merika]
Antártida (f)	Antarktis	[an'tarktis]
Ártico (m)	Arktis	['arktis]

76. Pontos cardeais

norte (m)	nord (n)	['nu:r]
para norte	mot nord	[mʊt 'nu:r]
no norte	i nord	[i 'nu:r]
do norte (adj)	nordlig	['nu:rli]
sul (m)	syd, sør	['syd], ['sør]
para sul	mot sør	[mʊt 'sør]
no sul	i sør	[i 'sør]
do sul (adj)	sydlig, sørlig	['sydli], ['sø:[i]
oeste, ocidente (m)	vest (m)	['vɛst]
para oeste	mot vest	[mʊt 'vɛst]
no oeste	i vest	[i 'vɛst]
ocidental (adj)	vestlig, vest-	['vɛstli]
leste, oriente (m)	øst (m)	['øst]
para leste	mot øst	[mʊt 'øst]
no leste	i øst	[i 'øst]
oriental (adj)	østlig	['østli]

77. Mar. Oceano

mar (m)	hav (n)	['hɑv]
oceano (m)	verdenshav (n)	[værdəns'hɑv]
golfo (m)	bukt (m/f)	['bʉkt]
estreito (m)	sund (n)	['sʉn]
terra (f) firme	fastland (n)	['fast‚lɑn]
continente (m)	fastland, kontinent (n)	['fast‚lɑn], [kʊnti'nɛnt]
ilha (f)	øy (m/f)	['øj]
península (f)	halvøy (m/f)	['hɑl‚ø:j]
arquipélago (m)	skjærgård (m), arkipelag (n)	['ʂær‚gɔr], [ɑrkipe'lɑg]
baía (f)	bukt (m/f)	['bʉkt]
porto (m)	havn (m/f)	['hɑvn]
lagoa (f)	lagune (m)	[lɑ'gʉnə]
cabo (m)	nes (n), kapp (n)	['nes], ['kɑp]
atol (m)	atoll (m)	[ɑ'tɔl]
recife (m)	rev (n)	['rev]
coral (m)	korall (m)	[kʊ'rɑl]
recife (m) de coral	korallrev (n)	[kʊ'rɑl‚rɛv]
profundo (adj)	dyp	['dyp]
profundidade (f)	dybde (m)	['dʏbdə]
abismo (m)	avgrunn (m)	['ɑv‚grʉn]
fossa (f) oceânica	dyphavsgrop (m/f)	['dyphɑfs‚grɔp]
corrente (f)	strøm (m)	['strøm]
banhar (vt)	å omgi	[ɔ 'ɔmˌji]
litoral (m)	kyst (m)	['çyst]

costa (f)	kyst (m)	['çyst]
maré (f) alta	flo (m/f)	['fluʲ]
refluxo (m)	ebbe (m), fjære (m/f)	['ɛbə], ['fjærə]
restinga (f)	sandbanke (m)	['san‚bankə]
fundo (m)	bunn (m)	['bʉn]

onda (f)	bølge (m)	['bølgə]
crista (f) da onda	bølgekam (m)	['bølgə‚kam]
espuma (f)	skum (n)	['skʉm]

tempestade (f)	storm (m)	['stɔrm]
furacão (m)	orkan (m)	[ɔr'kan]
tsunami (m)	tsunami (m)	[tsʉ'nami]
calmaria (f)	stille (m/f)	['stilə]
calmo (adj)	stille	['stilə]

| polo (m) | pol (m) | ['pʉl] |
| polar (adj) | pol-, polar | ['pʉl-], [pʉ'lar] |

latitude (f)	bredde, latitude (m)	['brɛdə], ['lati‚tʉdə]
longitude (f)	lengde (m/f)	['leŋdə]
paralela (f)	breddegrad (m)	['brɛdə‚grad]
equador (m)	ekvator (m)	[ɛ'kvatʊr]

céu (m)	himmel (m)	['himəl]
horizonte (m)	horisont (m)	[hʊri'sɔnt]
ar (m)	luft (f)	['lʉft]

farol (m)	fyr (n)	['fyr]
mergulhar (vi)	å dykke	[ɔ 'dʏkə]
afundar-se (vr)	å synke	[ɔ 'sʏnkə]
tesouros (m pl)	skatter (m pl)	['skatər]

78. Nomes de Mares e Oceanos

Oceano (m) Atlântico	Atlanterhavet	[at'lantər‚have]
Oceano (m) Índico	Indiahavet	['india‚have]
Oceano (m) Pacífico	Stillehavet	['stilə‚have]
Oceano (m) Ártico	Polhavet	['pɔl‚have]

Mar (m) Negro	Svartehavet	['svaːʈə‚have]
Mar (m) Vermelho	Rødehavet	['rødə‚have]
Mar (m) Amarelo	Gulehavet	['gʉlə‚have]
Mar (m) Branco	Kvitsjøen, Hvitehavet	['kvit‚şøːn], ['vit‚have]

Mar (m) Cáspio	Kaspihavet	['kaspi‚have]
Mar (m) Morto	Dødehavet	['dødə'have]
Mar (m) Mediterrâneo	Middelhavet	['midəl‚have]

| Mar (m) Egeu | Egeerhavet | [ɛ'geːər‚have] |
| Mar (m) Adriático | Adriahavet | ['adria‚have] |

| Mar (m) Arábico | Arabiahavet | [a'rabia‚have] |
| Mar (m) do Japão | Japanhavet | ['japan‚have] |

| Mar (m) de Bering | Beringhavet | ['beriŋˌhave] |
| Mar (m) da China Meridional | Sør-Kina-havet | ['sørˌçina 'have] |

Mar (m) de Coral	Korallhavet	[kʊ'ralˌhave]
Mar (m) de Tasman	Tasmanhavet	[tas'manˌhave]
Mar (m) do Caribe	Karibhavet	[ka'ribˌhave]

| Mar (m) de Barents | Barentshavet | ['barɛnsˌhave] |
| Mar (m) de Kara | Karahavet | ['karaˌhave] |

Mar (m) do Norte	Nordsjøen	['nʊːrˌʂøːn]
Mar (m) Báltico	Østersjøen	['østəˌʂøːn]
Mar (m) da Noruega	Norskehavet	['nɔʂkəˌhave]

79. Montanhas

montanha (f)	fjell (n)	['fjɛl]
cordilheira (f)	fjellkjede (m)	['fjɛlˌçɛːdə]
serra (f)	fjellrygg (m)	['fjɛlˌrʏg]

cume (m)	topp (m)	['tɔp]
pico (m)	tind (m)	['tin]
pé (m)	fot (m)	['fʊt]
declive (m)	skråning (m)	['skrɔniŋ]

vulcão (m)	vulkan (m)	[vʉl'kan]
vulcão (m) ativo	virksom vulkan (m)	['virksɔm vʉl'kan]
vulcão (m) extinto	utslukt vulkan (m)	['ʉtˌslʉkt vʉl'kan]

erupção (f)	utbrudd (n)	['ʉtˌbrʉd]
cratera (f)	krater (n)	['kratər]
magma (m)	magma (m/n)	['magma]
lava (f)	lava (m)	['lava]
fundido (lava ~a)	glødende	['glødenə]

cânion, desfiladeiro (m)	canyon (m)	['kanjən]
garganta (f)	gjel (n), kløft (m)	['jel], ['klœft]
fenda (f)	renne (m/f)	['rɛnə]
precipício (m)	avgrunn (m)	['avˌgrʉn]

passo, colo (m)	pass (n)	['pas]
planalto (m)	platå (n)	[pla'to]
falésia (f)	klippe (m)	['klipə]
colina (f)	ås (m)	['ɔs]

geleira (f)	bre, jøkel (m)	['bre], ['jøkəl]
cachoeira (f)	foss (m)	['fɔs]
gêiser (m)	geysir (m)	['gɛjsir]
lago (m)	innsjø (m)	['in'ʂø]

planície (f)	slette (m/f)	['ʂletə]
paisagem (f)	landskap (n)	['lanˌskap]
eco (m)	ekko (n)	['ɛkʊ]
alpinista (m)	alpinist (m)	[alpi'nist]

escalador (m)	fjellklatrer (m)	['fjɛl‚klɑtrər]
conquistar (vt)	å erobre	[ɔ ɛ'rʊbrə]
subida, escalada (f)	bestigning (m/f)	[be'stigniŋ]

80. Nomes de montanhas

Alpes (m pl)	Alpene	['ɑlpenə]
Monte Branco (m)	Mont Blanc	[‚mɔn'blɑn]
Pirineus (m pl)	Pyreneene	[pyre'ne:ənə]
Cárpatos (m pl)	Karpatene	[kɑr'pɑtenə]
Urais (m pl)	Uralfjellene	[ʉ'rɑl ‚fjɛlenə]
Cáucaso (m)	Kaukasus	['kaʊkɑsʉs]
Elbrus (m)	Elbrus	[ɛl'brʉs]
Altai (m)	Altaj	[ɑl'tɑj]
Tian Shan (m)	Tien Shan	[ti'en‚sɑn]
Pamir (m)	Pamir	[pɑ'mir]
Himalaia (m)	Himalaya	[himɑ'lɑja]
monte Everest (m)	Everest	['ɛve'rɛst]
Cordilheira (f) dos Andes	Andes	['ɑndəs]
Kilimanjaro (m)	Kilimanjaro	[kilimɑn'dʒɑrʊ]

81. Rios

rio (m)	elv (m/f)	['ɛlv]
fonte, nascente (f)	kilde (m)	['çildə]
leito (m) de rio	elveleie (n)	['ɛlvə‚læje]
bacia (f)	flodbasseng (n)	['flʊd bɑ‚seŋ]
desaguar no ...	å munne ut ...	[ɔ 'mʉnə ʉt ...]
afluente (m)	bielv (m/f)	['bi‚elv]
margem (do rio)	bredd (m)	['brɛd]
corrente (f)	strøm (m)	['strøm]
rio abaixo	medstrøms	['me‚strøms]
rio acima	motstrøms	['mʊt‚strøms]
inundação (f)	oversvømmelse (m)	['ɔvə‚svœməlsə]
cheia (f)	flom (m)	['flɔm]
transbordar (vi)	å overflø	[ɔ 'ɔvər‚flø]
inundar (vt)	å oversvømme	[ɔ 'ɔvə‚svœmə]
banco (m) de areia	grunne (m/f)	['grʉnə]
corredeira (f)	stryk (m/n)	['stryk]
barragem (f)	demning (m)	['dɛmniŋ]
canal (m)	kanal (m)	[kɑ'nɑl]
reservatório (m) de água	reservoar (n)	[resɛrvʊ'ɑr]
eclusa (f)	sluse (m)	['slʉsə]
corpo (m) de água	vannmasse (m)	['vɑn‚mɑsə]

pântano (m)	myr, sump (m)	['myr], ['sʉmp]
lamaçal (m)	hengemyr (m)	['hɛŋeˌmyr]
redemoinho (m)	virvel (m)	['virvəl]

riacho (m)	bekk (m)	['bɛk]
potável (adj)	drikke-	['drikə-]
doce (água)	fersk-	['fæʂk-]

| gelo (m) | is (m) | ['is] |
| congelar-se (vr) | å fryse til | [ɔ 'frysə til] |

82. Nomes de rios

| rio Sena (m) | Seine | ['sɛːn] |
| rio Loire (m) | Loire | [lu'aːr] |

rio Tâmisa (m)	Themsen	['tɛmsən]
rio Reno (m)	Rhinen	['riːnən]
rio Danúbio (m)	Donau	['dɔnaʉ]

rio Volga (m)	Volga	['vɔlga]
rio Don (m)	Don	['dɔn]
rio Lena (m)	Lena	['lena]

rio Amarelo (m)	Huang He	[ˌhwɑn'hɛ]
rio Yangtzé (m)	Yangtze	['jaŋtse]
rio Mekong (m)	Mekong	[me'kɔŋ]
rio Ganges (m)	Ganges	['gaŋes]

rio Nilo (m)	Nilen	['nilən]
rio Congo (m)	Kongo	['kɔngʉ]
rio Cubango (m)	Okavango	[ʉka'vangʉ]
rio Zambeze (m)	Zambezi	[sam'besi]
rio Limpopo (m)	Limpopo	[limpɔ'pɔ]
rio Mississippi (m)	Mississippi	['misi'sipi]

83. Floresta

| floresta (f), bosque (m) | skog (m) | ['skʉg] |
| florestal (adj) | skog- | ['skʉg-] |

mata (f) fechada	tett skog (n)	['tɛt ˌskʉg]
arvoredo (m)	lund (m)	['lʉn]
clareira (f)	glenne (m/f)	['glenə]

| matagal (m) | krattskog (m) | ['krɑtˌskʉg] |
| mato (m), caatinga (f) | kratt (n) | ['krɑt] |

pequena trilha (f)	sti (m)	['sti]
ravina (f)	ravine (m)	[ra'vinə]
árvore (f)	tre (n)	['trɛ]
folha (f)	blad (n)	['blɑ]

folhagem (f)	løv (n)	['løv]
queda (f) das folhas	løvfall (n)	['løv,fal]
cair (vi)	å falle	[ɔ 'falə]
topo (m)	tretopp (m)	['trɛ,tɔp]

ramo (m)	kvist, gren (m)	['kvist], ['gren]
galho (m)	gren, grein (m/f)	['gren], ['græjn]
botão (m)	knopp (m)	['knɔp]
agulha (f)	nål (m/f)	['nɔl]
pinha (f)	kongle (m/f)	['kʉŋlə]

buraco (m) de árvore	trehull (n)	['trɛ,hʉl]
ninho (m)	reir (n)	['ræjr]
toca (f)	hule (m/f)	['hʉlə]

tronco (m)	stamme (m)	['stamə]
raiz (f)	rot (m/f)	['rʊt]
casca (f) de árvore	bark (m)	['bark]
musgo (m)	mose (m)	['mʊsə]

arrancar pela raiz	å rykke opp med roten	[ɔ 'rʏkə ɔp me 'rutən]
cortar (vt)	å felle	[ɔ 'fɛlə]
desflorestar (vt)	å hogge ned	[ɔ 'hɔgə 'ne]
toco, cepo (m)	stubbe (m)	['stʉbə]

fogueira (f)	bål (n)	['bɔl]
incêndio (m) florestal	skogbrann (m)	['skʊg,bran]
apagar (vt)	å slokke	[ɔ 'ʂløkə]

guarda-parque (m)	skogvokter (m)	['skʊg,vɔktər]
proteção (f)	vern (n), beskyttelse (m)	['væːn], ['be'ʂytəlsə]
proteger (a natureza)	å beskytte	[ɔ be'ʂytə]
caçador (m) furtivo	tyvskytter (m)	['tyf,ʂytər]
armadilha (f)	saks (m/f)	['saks]

| colher (cogumelos, bagas) | å plukke | [ɔ 'plʉkə] |
| perder-se (vr) | å gå seg vill | [ɔ 'gɔ sæj 'vil] |

84. Recursos naturais

recursos (m pl) naturais	naturressurser (m pl)	[na'tʉr rɛ'sʉsər]
minerais (m pl)	mineraler (n pl)	[minə'ralər]
depósitos (m pl)	forekomster (m pl)	['forə,kɔmstər]
jazida (f)	felt (m)	['fɛlt]

extrair (vt)	å utvinne	[ɔ 'ʉt,vinə]
extração (f)	utvinning (m/f)	['ʉt,viniŋ]
minério (m)	malm (m)	['malm]
mina (f)	gruve (m/f)	['grʉvə]
poço (m) de mina	gruvesjakt (m/f)	['grʉvə,ʂakt]
mineiro (m)	gruvearbeider (m)	['grʉvə'ar,bæjdər]

| gás (m) | gass (m) | ['gas] |
| gasoduto (m) | gassledning (m) | ['gas,ledniŋ] |

petróleo (m)	olje (m)	['ɔljə]
oleoduto (m)	oljeledning (m)	['ɔljə͵lednin]
poço (m) de petróleo	oljebrønn (m)	['ɔljə͵brœn]
torre (f) petrolífera	boretårn (n)	['boːrə͵tɔːn]
petroleiro (m)	tankskip (n)	['tank͵sip]
areia (f)	sand (m)	['san]
calcário (m)	kalkstein (m)	['kalk͵stæjn]
cascalho (m)	grus (m)	['grʉs]
turfa (f)	torv (m/f)	['tɔrv]
argila (f)	leir (n)	['læjr]
carvão (m)	kull (n)	['kʉl]
ferro (m)	jern (n)	['jæːn̩]
ouro (m)	gull (n)	['gʉl]
prata (f)	sølv (n)	['søl]
níquel (m)	nikkel (m)	['nikəl]
cobre (m)	kobber (n)	['kɔbər]
zinco (m)	sink (m/n)	['sink]
manganês (m)	mangan (m/n)	[ma'ŋan]
mercúrio (m)	kvikksølv (n)	['kvik͵søl]
chumbo (m)	bly (n)	['bly]
mineral (m)	mineral (n)	[minə'ral]
cristal (m)	krystall (m/n)	[kry'stal]
mármore (m)	marmor (m/n)	['marmʉr]
urânio (m)	uran (m/n)	[ʉ'ran]

85. Tempo

tempo (m)	vær (n)	['vær]
previsão (f) do tempo	værvarsel (n)	['vær͵vaʂəl]
temperatura (f)	temperatur (m)	[tɛmpəra'tʉr]
termômetro (m)	termometer (n)	[tɛrmʉ'metər]
barômetro (m)	barometer (n)	[barʉ'metər]
úmido (adj)	fuktig	['fʉkti]
umidade (f)	fuktighet (m)	['fʉkti͵het]
calor (m)	hete (m)	['heːtə]
tórrido (adj)	het	['het]
está muito calor	det er hett	[de ær 'het]
está calor	det er varmt	[de ær 'varmt]
quente (morno)	varm	['varm]
está frio	det er kaldt	[de ær 'kalt]
frio (adj)	kald	['kal]
sol (m)	sol (m/f)	['sʉl]
brilhar (vi)	å skinne	[ɔ 'ʂinə]
de sol, ensolarado	solrik	['sʉl͵rik]
nascer (vi)	å gå opp	[ɔ 'gɔ ɔp]
pôr-se (vr)	å gå ned	[ɔ 'gɔ ne]

nuvem (f)	sky (m)	['şy]
nublado (adj)	skyet	['şy:ət]
nuvem (f) preta	regnsky (m/f)	['ræjn,şy]
escuro, cinzento (adj)	mørk	['mœrk]

chuva (f)	regn (n)	['ræjn]
está a chover	det regner	[de 'ræjnər]
chuvoso (adj)	regnværs-	['ræjn,væş-]
chuviscar (vi)	å småregne	[ɔ 'smo:ræjnə]

chuva (f) torrencial	piskende regn (n)	['piskenə ,ræjn]
aguaceiro (m)	styrtregn (n)	['sty:t,ræjn]
forte (chuva, etc.)	kraftig, sterk	['krafti], ['stærk]
poça (f)	vannpytt (m)	['vɑn,pyt]
molhar-se (vr)	å bli våt	[ɔ 'bli 'vɔt]

nevoeiro (m)	tåke (m/f)	['to:kə]
de nevoeiro	tåke	['to:kə]
neve (f)	snø (m)	['snø]
está nevando	det snør	[de 'snør]

86. Tempo extremo. Catástrofes naturais

trovoada (f)	tordenvær (n)	['tʊrdən,vær]
relâmpago (m)	lyn (n)	['lyn]
relampejar (vi)	å glimte	[ɔ 'glimtə]

trovão (m)	torden (m)	['tʊrdən]
trovejar (vi)	å tordne	[ɔ 'tʊrdnə]
está trovejando	det tordner	[de 'tʊrdnər]

granizo (m)	hagle (m/f)	['haglə]
está caindo granizo	det hagler	[de 'haglər]

inundar (vt)	å oversvømme	[ɔ 'ɔvə,şvœmə]
inundação (f)	oversvømmelse (m)	['ɔvə,şvœməlsə]

terremoto (m)	jordskjelv (n)	['ju:r,şɛlv]
abalo, tremor (m)	skjelv (n)	['şɛlv]
epicentro (m)	episenter (n)	[ɛpi'sɛntər]

erupção (f)	utbrudd (n)	['ʉt,brʉd]
lava (f)	lava (m)	['lɑvɑ]

tornado (m)	skypumpe (m/f)	['şy,pʉmpə]
tornado (m)	tornado (m)	[tʉ:'nɑdʉ]
tufão (m)	tyfon (m)	[ty'fʊn]

furacão (m)	orkan (m)	[ɔr'kɑn]
tempestade (f)	storm (m)	['stɔrm]
tsunami (m)	tsunami (m)	[tsʉ'nɑmi]

ciclone (m)	syklon (m)	[sy'klun]
mau tempo (m)	uvær (n)	['ʉ:,vær]

incêndio (m)	**brann** (m)	['bran]
catástrofe (f)	**katastrofe** (m)	[kata'strɔfə]
meteorito (m)	**meteoritt** (m)	[meteʊ'rit]
avalanche (f)	**lavine** (m)	[la'vinə]
deslizamento (m) de neve	**snøskred, snøras** (n)	['snø͵skred], ['snøras]
nevasca (f)	**snøstorm** (m)	['snø͵stɔrm]
tempestade (f) de neve	**snøstorm** (m)	['snø͵stɔrm]

FAUNA

87. Mamíferos. Predadores

predador (m)	rovdyr (n)	['rɔv,dyr]
tigre (m)	tiger (m)	['tigər]
leão (m)	løve (m/f)	['løvə]
lobo (m)	ulv (m)	['ʉlv]
raposa (f)	rev (m)	['rev]
jaguar (m)	jaguar (m)	[jagʉ'ar]
leopardo (m)	leopard (m)	[leʉ'pard]
chita (f)	gepard (m)	[ge'pard]
pantera (f)	panter (m)	['pantər]
puma (m)	puma (m)	['pʉma]
leopardo-das-neves (m)	snøleopard (m)	['snø leʉ'pard]
lince (m)	gaupe (m/f)	['gaʉpə]
coiote (m)	coyote, prærieulv (m)	[kɔ'jotə], ['præri,ʉlv]
chacal (m)	sjakal (m)	[ʂa'kal]
hiena (f)	hyene (m)	[hy'enə]

88. Animais selvagens

animal (m)	dyr (n)	['dyr]
besta (f)	best, udyr (n)	['bɛst], ['ʉ,dyr]
esquilo (m)	ekorn (n)	['ɛkʉːn̩]
ouriço (m)	pinnsvin (n)	['pin,svin]
lebre (f)	hare (m)	['harə]
coelho (m)	kanin (m)	[ka'nin]
texugo (m)	grevling (m)	['grɛvliŋ]
guaxinim (m)	vaskebjørn (m)	['vaskə,bjœːn̩]
hamster (m)	hamster (m)	['hamstər]
marmota (f)	murmeldyr (n)	['mʉrməl,dyr]
toupeira (f)	muldvarp (m)	['mʉl,varp]
rato (m)	mus (m/f)	['mʉs]
ratazana (f)	rotte (m/f)	['rotə]
morcego (m)	flaggermus (m/f)	['flagər,mʉs]
arminho (m)	røyskatt (m)	['røjskat]
zibelina (f)	sobel (m)	['sʉbəl]
marta (f)	mår (m)	['mɔr]
doninha (f)	snømus (m/f)	['snø,mʉs]
visom (m)	mink (m)	['mink]

castor (m)	bever (m)	['bevər]
lontra (f)	oter (m)	['ʊtər]
cavalo (m)	hest (m)	['hɛst]
alce (m)	elg (m)	['ɛlg]
veado (m)	hjort (m)	['jɔːt]
camelo (m)	kamel (m)	[ka'mel]
bisão (m)	bison (m)	['bisɔn]
auroque (m)	urokse (m)	['ʉrˌʊksə]
búfalo (m)	bøffel (m)	['bøfəl]
zebra (f)	sebra (m)	['sebra]
antílope (m)	antilope (m)	[anti'lʊpə]
corça (f)	rådyr (n)	['rɔˌdyr]
gamo (m)	dåhjort, dådyr (n)	['dɔˌjɔːt], ['dɔˌdyr]
camurça (f)	gemse (m)	['gɛmsə]
javali (m)	villsvin (n)	['vilˌsvin]
baleia (f)	hval (m)	['val]
foca (f)	sel (m)	['sel]
morsa (f)	hvalross (m)	['valˌrɔs]
urso-marinho (m)	pelssel (m)	['pɛlsˌsel]
golfinho (m)	delfin (m)	[dɛl'fin]
urso (m)	bjørn (m)	['bjœːɳ]
urso (m) polar	isbjørn (m)	['isˌbjœːɳ]
panda (m)	panda (m)	['panda]
macaco (m)	ape (m/f)	['ape]
chimpanzé (m)	sjimpanse (m)	[ʂim'pansə]
orangotango (m)	orangutang (m)	[ʊ'raŋgʉˌtaŋ]
gorila (m)	gorilla (m)	[gɔ'rila]
macaco (m)	makak (m)	[ma'kak]
gibão (m)	gibbon (m)	['gibʊn]
elefante (m)	elefant (m)	[ɛle'fant]
rinoceronte (m)	neshorn (n)	['nesˌhʊːɳ]
girafa (f)	sjiraff (m)	[ʂi'raf]
hipopótamo (m)	flodhest (m)	['flʊdˌhɛst]
canguru (m)	kenguru (m)	['kɛŋgʉrʉ]
coala (m)	koala (m)	[kʊ'ala]
mangusto (m)	mangust, mungo (m)	[maŋ'gʉst], ['mʉŋgu]
chinchila (f)	chinchilla (m)	[ʂin'ʂila]
cangambá (f)	skunk (m)	['skunk]
porco-espinho (m)	hulepinnsvin (n)	['hʉləˌpinsvin]

89. Animais domésticos

gata (f)	katt (m)	['kat]
gato (m) macho	hannkatt (m)	['hanˌkat]
cão (m)	hund (m)	['hʉŋ]

cavalo (m)	hest (m)	['hɛst]
garanhão (m)	hingst (m)	['hiŋst]
égua (f)	hoppe, merr (m/f)	['hɔpə], ['mɛr]
vaca (f)	ku (f)	['kʉ]
touro (m)	tyr (m)	['tyr]
boi (m)	okse (m)	['ɔksə]
ovelha (f)	sau (m)	['saʉ]
carneiro (m)	vær, saubukk (m)	['vær], ['saʉˌbʉk]
cabra (f)	geit (m/f)	['jæjt]
bode (m)	geitebukk (m)	['jæjtəˌbʉk]
burro (m)	esel (n)	['ɛsəl]
mula (f)	muldyr (n)	['mʉlˌdyr]
porco (m)	svin (n)	['svin]
leitão (m)	gris (m)	['gris]
coelho (m)	kanin (m)	[ka'nin]
galinha (f)	høne (m/f)	['hønə]
galo (m)	hane (m)	['hanə]
pata (f), pato (m)	and (m/f)	['an]
pato (m)	andrik (m)	['andrik]
ganso (m)	gås (m/f)	['gɔs]
peru (m)	kalkunhane (m)	[kal'kʉnˌhanə]
perua (f)	kalkunhøne (m/f)	[kal'kʉnˌhønə]
animais (m pl) domésticos	husdyr (n pl)	['hʉsˌdyr]
domesticado (adj)	tam	['tam]
domesticar (vt)	å temme	[ɔ 'tɛmə]
criar (vt)	å avle, å oppdrette	[ɔ 'avlə], [ɔ 'ɔpˌdrɛtə]
fazenda (f)	farm, gård (m)	['farm], ['gɔːr]
aves (f pl) domésticas	fjærfe (n)	['fjærˌfɛ]
gado (m)	kveg (n)	['kvɛg]
rebanho (m), manada (f)	flokk, bøling (m)	['flɔk], ['bøliŋ]
estábulo (m)	stall (m)	['stal]
chiqueiro (m)	grisehus (n)	['grisəˌhʉs]
estábulo (m)	kufjøs (m/n)	['kʉˌfjøs]
coelheira (f)	kaninbur (n)	[ka'ninˌbʉr]
galinheiro (m)	hønsehus (n)	['hønsəˌhʉs]

90. Pássaros

pássaro (m), ave (f)	fugl (m)	['fʉl]
pombo (m)	due (m/f)	['dʉə]
pardal (m)	spurv (m)	['spʉrv]
chapim-real (m)	kjøttmeis (m/f)	['çœtˌmæjs]
pega-rabuda (f)	skjære (m/f)	['şærə]
corvo (m)	ravn (m)	['ravn]

gralha-cinzenta (f)	kråke (m)	['kroːkə]
gralha-de-nuca-cinzenta (f)	kaie (m/f)	['kajə]
gralha-calva (f)	kornkråke (m/f)	['kʊːn̩kroːkə]
pato (m)	and (m/f)	['ɑn]
ganso (m)	gås (m/f)	['gɔs]
faisão (m)	fasan (m)	[fa'sɑn]
águia (f)	ørn (m/f)	['œːn̩]
açor (m)	hauk (m)	['haʊk]
falcão (m)	falk (m)	['falk]
abutre (m)	gribb (m)	['grib]
condor (m)	kondor (m)	[kʊn'dʊr]
cisne (m)	svane (m/f)	['svanə]
grou (m)	trane (m/f)	['tranə]
cegonha (f)	stork (m)	['stɔrk]
papagaio (m)	papegøye (m)	[pape'gøjə]
beija-flor (m)	kolibri (m)	[kʊ'libri]
pavão (m)	påfugl (m)	['pɔˌfʉl]
avestruz (m)	struts (m)	['strʉts]
garça (f)	hegre (m)	['hæejrə]
flamingo (m)	flamingo (m)	[fla'mingʊ]
pelicano (m)	pelikan (m)	[peli'kan]
rouxinol (m)	nattergal (m)	['natərˌgal]
andorinha (f)	svale (m/f)	['svalə]
tordo-zornal (m)	trost (m)	['trʊst]
tordo-músico (m)	måltrost (m)	['moːlˌtrʊst]
melro-preto (m)	svarttrost (m)	['svaːˌtrʊst]
andorinhão (m)	tårnseiler (m), tårnsvale (m/f)	['tɔːn̩sæjlə], ['tɔːn̩svalə]
cotovia (f)	lerke (m/f)	['lærkə]
codorna (f)	vaktel (m)	['vaktəl]
pica-pau (m)	hakkespett (m)	['hakəˌspɛt]
cuco (m)	gjøk, gauk (m)	['jøk], ['gaʊk]
coruja (f)	ugle (m/f)	['ʉglə]
bufo-real (m)	hubro (m)	['hʉbrʊ]
tetraz-grande (m)	storfugl (m)	['stʊrˌfʉl]
tetraz-lira (m)	orrfugl (m)	['ɔrˌfʉl]
perdiz-cinzenta (f)	rapphøne (m/f)	['rapˌhønə]
estorninho (m)	stær (m)	['stær]
canário (m)	kanarifugl (m)	[ka'nariˌfʉl]
galinha-do-mato (f)	jerpe (m/f)	['jærpə]
tentilhão (m)	bokfink (m)	['bʊkˌfink]
dom-fafe (m)	dompap (m)	['dʊmpap]
gaivota (f)	måke (m/f)	['moːkə]
albatroz (m)	albatross (m)	['albaˌtrɔs]
pinguim (m)	pingvin (m)	[piŋ'vin]

91. Peixes. Animais marinhos

brema (f)	brasme (m/f)	['brɑsmə]
carpa (f)	karpe (m)	['kɑrpə]
perca (f)	åbor (m)	['obɔr]
siluro (m)	malle (m)	['mɑlə]
lúcio (m)	gjedde (m/f)	['jɛdə]
salmão (m)	laks (m)	['lɑks]
esturjão (m)	stør (m)	['stør]
arenque (m)	sild (m/f)	['sil]
salmão (m) do Atlântico	atlanterhavslaks (m)	[ɑt'lɑntərhɑfs,lɑks]
cavala, sarda (f)	makrell (m)	[mɑ'krɛl]
solha (f), linguado (m)	rødspette (m/f)	['rø,spɛtə]
lúcio perca (m)	gjørs (m)	['jø:ʂ]
bacalhau (m)	torsk (m)	['tɔʂk]
atum (m)	tunfisk (m)	['tʉn,fisk]
truta (f)	ørret (m)	['øret]
enguia (f)	ål (m)	['ɔl]
raia (f) elétrica	elektrisk rokke (m/f)	[ɛ'lektrisk ,rɔkə]
moreia (f)	murene (m)	[mʉ'rɛnə]
piranha (f)	piraja (m)	[pi'rɑja]
tubarão (m)	hai (m)	['hɑj]
golfinho (m)	delfin (m)	[dɛl'fin]
baleia (f)	hval (m)	['vɑl]
caranguejo (m)	krabbe (m)	['krɑbə]
água-viva (f)	manet (m/f), meduse (m)	['mɑnet], [me'dʉsə]
polvo (m)	blekksprut (m)	['blek,sprʉt]
estrela-do-mar (f)	sjøstjerne (m/f)	['ʂø,stjæ:ŋə]
ouriço-do-mar (m)	sjøpinnsvin (n)	['ʂø:'pin,svin]
cavalo-marinho (m)	sjøhest (m)	['ʂø,hɛst]
ostra (f)	østers (m)	['østəʂ]
camarão (m)	reke (m/f)	['rekə]
lagosta (f)	hummer (m)	['hʉmər]
lagosta (f)	langust (m)	[lɑŋ'gʉst]

92. Anfíbios. Répteis

cobra (f)	slange (m)	['ʂlɑŋə]
venenoso (adj)	giftig	['jifti]
víbora (f)	hoggorm, huggorm (m)	['hʉg,ɔrm], ['hʉg,ɔrm]
naja (f)	kobra (m)	['kʉbrɑ]
píton (m)	pyton (m)	['pytɔn]
jiboia (f)	boaslange (m)	['bɔɑ,slɑŋə]
cobra-de-água (f)	snok (m)	['snʉk]

cascavel (f)	klapperslange (m)	['klapəˌslaŋə]
anaconda (f)	anakonda (m)	[anaˈkɔnda]
lagarto (m)	øgle (m/f)	['øglə]
iguana (f)	iguan (m)	[iguˈan]
varano (m)	varan (n)	[vaˈran]
salamandra (f)	salamander (m)	[salaˈmandər]
camaleão (m)	kameleon (m)	[kaməleˈʊn]
escorpião (m)	skorpion (m)	[skɔrpiˈʊn]
tartaruga (f)	skilpadde (m/f)	['ʂilˌpadə]
rã (f)	frosk (m)	['frɔsk]
sapo (m)	padde (m/f)	['padə]
crocodilo (m)	krokodille (m)	[krʊkəˈdilə]

93. Insetos

inseto (m)	insekt (n)	['insɛkt]
borboleta (f)	sommerfugl (m)	['sɔmərˌfʉl]
formiga (f)	maur (m)	['maʊr]
mosca (f)	flue (m/f)	['flʉə]
mosquito (m)	mygg (m)	['mʏg]
escaravelho (m)	bille (m)	['bilə]
vespa (f)	veps (m)	['vɛps]
abelha (f)	bie (m/f)	['biə]
mamangaba (f)	humle (m/f)	['hʉmlə]
moscardo (m)	brems (m)	['brɛms]
aranha (f)	edderkopp (m)	['ɛdərˌkɔp]
teia (f) de aranha	edderkoppnett (n)	['ɛdərkɔpˌnɛt]
libélula (f)	øyenstikker (m)	['øjənˌstikər]
gafanhoto (m)	gresshoppe (m/f)	['grɛsˌhɔpə]
traça (f)	nattsvermer (m)	['natˌsværmər]
barata (f)	kakerlakk (m)	[kakəˈlak]
carrapato (m)	flått, midd (m)	['flɔt], ['mid]
pulga (f)	loppe (f)	['lɔpə]
borrachudo (m)	knott (m)	['knɔt]
gafanhoto (m)	vandgresshoppe (m/f)	['van 'grɛsˌhɔpə]
caracol (m)	snegl (m)	['snæjl]
grilo (m)	siriss (m)	['siˌris]
pirilampo, vaga-lume (m)	ildflue (m/f), lysbille (m)	['ilˌflʉə], ['lysˌbilə]
joaninha (f)	marihøne (m/f)	['mariˌhønə]
besouro (m)	oldenborre (f)	['ɔldənˌbɔrə]
sanguessuga (f)	igle (m/f)	['iglə]
lagarta (f)	sommerfugllarve (m/f)	['sɔmərfʉlˌlarvə]
minhoca (f)	meitemark (m)	['mæjtəˌmark]
larva (f)	larve (m/f)	['larvə]

FLORA

94. Árvores

árvore (f)	tre (n)	['trɛ]
decídua (adj)	løv-	['løv-]
conífera (adj)	bar-	['bɑr-]
perene (adj)	eviggrønt	['ɛviˌgrœnt]
macieira (f)	epletre (n)	['ɛpləˌtrɛ]
pereira (f)	pæretre (n)	['pærəˌtrɛ]
cerejeira (f)	morelltre (n)	[mʉ'rɛlˌtrɛ]
ginjeira (f)	kirsebærtre (n)	['çiʂəbærˌtrɛ]
ameixeira (f)	plommetre (n)	['plʉməˌtrɛ]
bétula (f)	bjørk (f)	['bjœrk]
carvalho (m)	eik (f)	['æjk]
tília (f)	lind (m/f)	['lin]
choupo-tremedor (m)	osp (m/f)	['ɔsp]
bordo (m)	lønn (m/f)	['lœn]
espruce (m)	gran (m/f)	['grɑn]
pinheiro (m)	furu (m/f)	['fʉrʉ]
alerce, lariço (m)	lerk (m)	['lærk]
abeto (m)	edelgran (m/f)	['ɛdəlˌgrɑn]
cedro (m)	seder (m)	['sedər]
choupo, álamo (m)	poppel (m)	['pɔpəl]
tramazeira (f)	rogn (m/f)	['rɔŋn]
salgueiro (m)	pil (m/f)	['pil]
amieiro (m)	or, older (m/f)	['ʉr], ['ɔldər]
faia (f)	bøk (m)	['bøk]
ulmeiro, olmo (m)	alm (m)	['ɑlm]
freixo (m)	ask (m/f)	['ɑsk]
castanheiro (m)	kastanjetre (n)	[kɑ'stɑnjeˌtrɛ]
magnólia (f)	magnolia (m)	[mɑŋ'nʉliɑ]
palmeira (f)	palme (m)	['pɑlmə]
cipreste (m)	sypress (m)	[sʏ'prɛs]
mangue (m)	mangrove (m)	[mɑŋ'grʉvə]
embondeiro, baobá (m)	apebrødtre (n)	['ɑpebrøˌtrɛ]
eucalipto (m)	eukalyptus (m)	[ɛvkɑ'lyptʉs]
sequoia (f)	sequoia (m)	['sekˌvɔjɑ]

95. Arbustos

arbusto (m)	busk (m)	['bʉsk]
arbusto (m), moita (f)	busk (m)	['bʉsk]

videira (f)	vinranke (m)	['vin‚rɑnkə]
vinhedo (m)	vinmark (m/f)	['vin‚mɑrk]

framboeseira (f)	bringebærbusk (m)	['briŋə‚bær bʉsk]
groselheira-negra (f)	solbærbusk (m)	['sʉlbær‚bʉsk]
groselheira-vermelha (f)	ripsbusk (m)	['rips‚bʉsk]
groselheira (f) espinhosa	stikkelsbærbusk (m)	['stikəlsbær‚bʉsk]

acácia (f)	akasie (m)	[ɑ'kɑsiə]
bérberis (f)	berberis (m)	['bærberis]
jasmim (m)	sjasmin (m)	[ʂɑs'min]

junípero (m)	einer (m)	['æjnər]
roseira (f)	rosenbusk (m)	['rʉsən‚bʉsk]
roseira (f) brava	steinnype (m/f)	['stæjn‚nypə]

96. Frutos. Bagas

fruta (f)	frukt (m/f)	['frʉkt]
frutas (f pl)	frukter (m/f pl)	['frʉktər]
maçã (f)	eple (n)	['ɛplə]
pera (f)	pære (m/f)	['pærə]
ameixa (f)	plomme (m/f)	['plʉmə]

morango (m)	jordbær (n)	['ju:r‚bær]
ginja (f)	kirsebær (n)	['çiʂə‚bær]
cereja (f)	morell (m)	[mʉ'rɛl]
uva (f)	drue (m)	['drʉə]

framboesa (f)	bringebær (n)	['briŋə‚bær]
groselha (f) negra	solbær (n)	['sʉl‚bær]
groselha (f) vermelha	rips (m)	['rips]
groselha (f) espinhosa	stikkelsbær (n)	['stikəls‚bær]
oxicoco (m)	tranebær (n)	['trɑnə‚bær]

laranja (f)	appelsin (m)	[ɑpel'sin]
tangerina (f)	mandarin (m)	[mɑndɑ'rin]
abacaxi (m)	ananas (m)	['ɑnɑnɑs]

banana (f)	banan (m)	[bɑ'nɑn]
tâmara (f)	daddel (m)	['dɑdəl]

limão (m)	sitron (m)	[si'trʉn]
damasco (m)	aprikos (m)	[ɑpri'kʉs]
pêssego (m)	fersken (m)	['fæʂkən]

quiuí (m)	kiwi (m)	['kivi]
toranja (f)	grapefrukt (m/f)	['grɛjp‚frʉkt]

baga (f)	bær (n)	['bær]
bagas (f pl)	bær (n pl)	['bær]
arando (m) vermelho	tyttebær (n)	['tʏtə‚bær]
morango-silvestre (m)	markjordbær (n)	['mɑrk ju:r‚bær]
mirtilo (m)	blåbær (n)	['blɔ‚bær]

97. Flores. Plantas

flor (f)	blomst (m)	['blɔmst]
buquê (m) de flores	bukett (m)	[bʉ'kɛt]
rosa (f)	rose (m/f)	['rʉsə]
tulipa (f)	tulipan (m)	[tʉli'pɑn]
cravo (m)	nellik (m)	['nɛlik]
gladíolo (m)	gladiolus (m)	[glɑdi'ɔlʉs]
centáurea (f)	kornblomst (m)	['kʉːn̩ˌblɔmst]
campainha (f)	blåklokke (m/f)	['blɔˌkløkə]
dente-de-leão (m)	løvetann (m/f)	['løvəˌtɑn]
camomila (f)	kamille (m)	[kɑ'milə]
aloé (m)	aloe (m)	['alʉe]
cacto (m)	kaktus (m)	['kɑktʉs]
fícus (m)	gummiplante (m/f)	['gʉmiˌplɑntə]
lírio (m)	lilje (m)	['liljə]
gerânio (m)	geranium (m)	[ge'rɑnium]
jacinto (m)	hyasint (m)	[hiɑ'sint]
mimosa (f)	mimose (m/f)	[mi'mɔsə]
narciso (m)	narsiss (m)	[nɑ'ṣis]
capuchinha (f)	blomkarse (m)	['blɔmˌkɑṣə]
orquídea (f)	orkidé (m)	[ɔrki'de]
peônia (f)	peon, pion (m)	[pe'ʉn], [pi'ʉn]
violeta (f)	fiol (m)	[fi'ʉl]
amor-perfeito (m)	stemorsblomst (m)	['stemʉṣˌblɔmst]
não-me-esqueças (m)	forglemmegei (m)	[fɔr'gleməˌjæj]
margarida (f)	tusenfryd (m)	['tʉsənˌfryd]
papoula (f)	valmue (m)	['vɑlmʉə]
cânhamo (m)	hamp (m)	['hɑmp]
hortelã, menta (f)	mynte (m/f)	['mʏntə]
lírio-do-vale (m)	liljekonvall (m)	['liljə kɔn'vɑl]
campânula-branca (f)	snøklokke (m/f)	['snøˌkløkə]
urtiga (f)	nesle (m/f)	['nɛslə]
azedinha (f)	syre (m/f)	['syrə]
nenúfar (m)	nøkkerose (m/f)	['nøkəˌrʉse]
samambaia (f)	bregne (m/f)	['brɛjnə]
líquen (m)	lav (m/n)	['lɑv]
estufa (f)	drivhus (n)	['drivˌhʉs]
gramado (m)	gressplen (m)	['grɛsˌplen]
canteiro (m) de flores	blomsterbed (n)	['blɔmstərˌbed]
planta (f)	plante (m/f), vekst (m)	['plɑntə], ['vɛkst]
grama (f)	gras (n)	['grɑs]
folha (f) de grama	grasstrå (n)	['grɑsˌstrɔ]

folha (f)	**blad** (n)	['bla]
pétala (f)	**kronblad** (n)	['krɔnˌbla]
talo (m)	**stilk** (m)	['stilk]
tubérculo (m)	**rotknoll** (m)	['rʊtˌknɔl]
broto, rebento (m)	**spire** (m/f)	['spirə]
espinho (m)	**torn** (m)	['tʊːn]
florescer (vi)	**å blomstre**	[ɔ 'blɔmstrə]
murchar (vi)	**å visne**	[ɔ 'visnə]
cheiro (m)	**lukt** (m/f)	['lʉkt]
cortar (flores)	**å skjære av**	[ɔ 'ʂæːrə aː]
colher (uma flor)	**å plukke**	[ɔ 'plʉkə]

98. Cereais, grãos

grão (m)	**korn** (n)	['kʊːn]
cereais (plantas)	**cerealer** (n pl)	[sere'alər]
espiga (f)	**aks** (n)	['aks]
trigo (m)	**hvete** (m)	['vetə]
centeio (m)	**rug** (m)	['rʉg]
aveia (f)	**havre** (m)	['havrə]
painço (m)	**hirse** (m)	['hiʂə]
cevada (f)	**bygg** (m/n)	['bʏg]
milho (m)	**mais** (m)	['mais]
arroz (m)	**ris** (m)	['ris]
trigo-sarraceno (m)	**bokhvete** (m)	['bʊkˌvetə]
ervilha (f)	**ert** (m/f)	['æːt]
feijão (m) roxo	**bønne** (m/f)	['bœnə]
soja (f)	**soya** (m)	['sɔja]
lentilha (f)	**linse** (m/f)	['linsə]
feijão (m)	**bønner** (m/f pl)	['bœnər]

PAÍSES DO MUNDO

99. Países. Parte 1

Afeganistão (m)	Afghanistan	[afˈganiˌstan]
África (f) do Sul	Republikken Sør-Afrika	[repʉˈbliken ˈsørˌafrika]
Albânia (f)	Albania	[alˈbania]
Alemanha (f)	Tyskland	[ˈtysklan]
Arábia (f) Saudita	Saudi-Arabia	[ˈsaʉdi aˈrabia]
Argentina (f)	Argentina	[argɛnˈtina]
Armênia (f)	Armenia	[arˈmenia]

Austrália (f)	Australia	[aʉˈstralia]
Áustria (f)	Østerrike	[ˈøstəˌrike]
Azerbaijão (m)	Aserbajdsjan	[aserbajdˈşan]
Bahamas (f pl)	Bahamas	[baˈhamas]
Bangladesh (m)	Bangladesh	[banglaˈdɛş]
Bélgica (f)	Belgia	[ˈbɛlgia]
Belarus	Hviterussland	[ˈviteˌrʉslan]

Bolívia (f)	Bolivia	[boˈlivia]
Bósnia e Herzegovina (f)	Bosnia-Hercegovina	[ˈbɔsnia hersegoˌvina]
Brasil (m)	Brasilia	[braˈsilia]
Bulgária (f)	Bulgaria	[bʉlˈgaria]
Camboja (f)	Kambodsja	[kamˈbodşa]
Canadá (m)	Canada	[ˈkanada]
Cazaquistão (m)	Kasakhstan	[kaˈsakˌstan]
Chile (m)	Chile	[ˈtşile]
China (f)	Kina	[ˈçina]
Chipre (m)	Kypros	[ˈkyprʊs]
Colômbia (f)	Colombia	[kɔˈlʊmbia]
Coreia (f) do Norte	Nord-Korea	[ˈnuːr kʊˈrɛa]
Coreia (f) do Sul	Sør-Korea	[ˈsør kʊˌrea]
Croácia (f)	Kroatia	[krʊˈatia]

Cuba (f)	Cuba	[ˈkʉba]
Dinamarca (f)	Danmark	[ˈdanmark]
Egito (m)	Egypt	[ɛˈgypt]
Emirados Árabes Unidos	Forente Arabiske Emiratene	[fɔˈrentə aˈrabiskə ɛmiˈratenə]
Equador (m)	Ecuador	[ɛkʊaˈdɔr]
Escócia (f)	Skottland	[ˈskɔtlan]

Eslováquia (f)	Slovakia	[şlʊˈvakia]
Eslovênia (f)	Slovenia	[şlʊˈvenia]
Espanha (f)	Spania	[ˈspania]
Estados Unidos da América	Amerikas Forente Stater	[aˈmerikas fɔˈrɛntə ˈstatər]
Estônia (f)	Estland	[ˈɛstlan]
Finlândia (f)	Finland	[ˈfinlan]
França (f)	Frankrike	[ˈfrankrikə]

100. Países. Parte 2

Gana (f)	Ghana	['gana]
Geórgia (f)	Georgia	[ge'ɔrgia]
Grã-Bretanha (f)	Storbritannia	['stʉr bri‚tania]
Grécia (f)	Hellas	['hɛlas]
Haiti (m)	Haiti	[ha'iti]
Hungria (f)	Ungarn	['ʉŋa:ŋ]
Índia (f)	India	['india]
Indonésia (f)	Indonesia	[indʉ'nesia]
Inglaterra (f)	England	['ɛŋlan]
Irã (m)	Iran	['iran]
Iraque (m)	Irak	['irak]
Irlanda (f)	Irland	['irlan]
Islândia (f)	Island	['islan]
Israel (m)	Israel	['israəl]
Itália (f)	Italia	[i'talia]
Jamaica (f)	Jamaica	[ʂa'majka]
Japão (m)	Japan	['japan]
Jordânia (f)	Jordan	['jɔrdan]
Kuwait (m)	Kuwait	['kʉvajt]
Laos (m)	Laos	['laɔs]
Letônia (f)	Latvia	['latvia]
Líbano (m)	Libanon	['libanɔn]
Líbia (f)	Libya	['libia]
Liechtenstein (m)	Liechtenstein	['lihtɛnʂtæjn]
Lituânia (f)	Litauen	['li‚taʉən]
Luxemburgo (m)	Luxembourg	['lʉksɛm‚bʉrg]
Macedônia (f)	Makedonia	[make'dɔnia]
Madagascar (m)	Madagaskar	[mada'gaskar]
Malásia (f)	Malaysia	[ma'lajsia]
Malta (f)	Malta	['malta]
Marrocos	Marokko	[ma'rɔkʉ]
México (m)	Mexico	['mɛksikʉ]
Birmânia (f)	Myanmar	['mjænma]
Moldávia (f)	Moldova	[mɔl'dova]
Mônaco (m)	Monaco	[mʉ'nakʉ]
Mongólia (f)	Mongolia	[mʉŋ'gulia]
Montenegro (m)	Montenegro	['mɔntə‚nɛgrʉ]
Namíbia (f)	Namibia	[na'mibia]
Nepal (m)	Nepal	['nepal]
Noruega (f)	Norge	['nɔrgə]
Nova Zelândia (f)	New Zealand	[njʉ'selan]

101. Países. Parte 3

Países Baixos (m pl)	Nederland	['nedə‚lan]
Palestina (f)	Palestina	[pale'stina]

Panamá (m)	Panama	['panama]
Paquistão (m)	Pakistan	['paki,stan]
Paraguai (m)	Paraguay	[parag'waj]
Peru (m)	Peru	[pe'ru:]
Polinésia (f) Francesa	Fransk Polynesia	['fransk poly'nesia]

Polônia (f)	Polen	['pʉlen]
Portugal (m)	Portugal	[pɔ:[tʉ'gal]
Quênia (f)	Kenya	['kenya]
Quirguistão (m)	Kirgisistan	[kir'gisi,stan]
República (f) Checa	Tsjekkia	['tʂɛkija]
República Dominicana	Dominikanske Republikken	[dʉmini'kanskə repʉ'blikən]
Romênia (f)	Romania	[rʉ'mania]

Rússia (f)	Russland	['rʉslan]
Senegal (m)	Senegal	[sene'gal]
Sérvia (f)	Serbia	['særbia]
Síria (f)	Syria	['syria]
Suécia (f)	Sverige	['sværiə]
Suíça (f)	Sveits	['svæjts]
Suriname (m)	Surinam	['sʉri,nam]

Tailândia (f)	Thailand	['tajlan]
Taiwan (m)	Taiwan	['taj,van]
Tajiquistão (m)	Tadsjikistan	[ta'dʂiki,stan]
Tanzânia (f)	Tanzania	['tansa,nia]
Tasmânia (f)	Tasmania	[tas'mania]
Tunísia (f)	Tunisia	['tʉ'nisia]
Turquemenistão (m)	Turkmenistan	[tʉrk'meni,stan]

Turquia (f)	Tyrkia	[tyrkia]
Ucrânia (f)	Ukraina	[ʉkra'ina]
Uruguai (m)	Uruguay	[ʉrygʉ'aj]
Uzbequistão (f)	Usbekistan	[ʉs'beki,stan]
Vaticano (m)	Vatikanet	['vati,kane]
Venezuela (f)	Venezuela	[venesʉ'ɛla]
Vietnã (m)	Vietnam	['vjɛtnam]
Zanzibar (m)	Zanzibar	['sansibar]